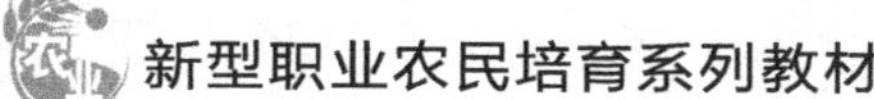

新型职业农民培育系列教材

现代农业创业

◎ 宋发旺　尹文武　姜　辉　主编

中国农业科学技术出版社

图书在版编目（CIP）数据

现代农业创业／宋发旺，尹文武，姜辉主编．—北京：中国农业科学技术出版社，2017.2（2022.11重印）

ISBN 978－7－5116－2975－3

Ⅰ.①现…　Ⅱ.①宋…②尹…③姜…　Ⅲ.①农民－创业－中国　Ⅳ.①F323.6

中国版本图书馆CIP数据核字（2017）第025527号

责任编辑　白姗姗
责任校对　马广洋

出 版 者　中国农业科学技术出版社
北京市中关村南大街12号　邮编：100081
电　　话　(010)82106638(编辑室)　(010)82109704(发行部)
(010)82109709(读者服务部)
传　　真　(010)82106650
网　　址　http://www.castp.cn
经 销 者　各地新华书店
印 刷 者　北京建宏印刷有限公司
开　　本　850mm×1 168mm　1/32
印　　张　6.5
字　　数　157千字
版　　次　2017年2月第1版　2022年11月第6次印刷
定　　价　29.80元

《现代农业创业》

编 委 会

主　编： 宋发旺　尹文武　姜　辉

副主编： 刘西尧　李振红　杨景康
姚　远　何伟威　张会忻
李　杰　杨　愉　秦关召
王彦勇　刘淑娟　胡海建
宋会萍　李晓霞　王纪民
高金霞　杜会元

编　委： 栾丽培　王　娇　郑文艳

前 言

在“大众创业、万众创新”的大背景下，大力发展现代农业，推进农业强、农村美、农民富，离不开农民创业创新带头人。通过落实优惠扶持政策、强化金融保险支持、强化技术指导服务、强化创新创业服务四项措施，各地不断增强其综合实力和自主发展能力。新型职业农民创办各类实业主体，按规定享受相应税收优惠政策。今后新增的有关惠农政策，根据规定可优先落实给新型职业农民。通过一系列扶持政策，将新型职业农民培育成为发展现代农业“生力军”、农村创新创业“主力军”、新农村建设“领头人”。

本书全面、系统地介绍了农业创业方面的知识，内容包括现代农业与农业创业、农业创业成功的基本要求、涉农市场调查与分析、创业形式与路径、组建创业团队、开展创业融资、编制创业计划书、实施创业计划、创业风险规避、农业保险选择、农业企业的增效与壮大等。

本书围绕大力培育新型职业农民，以满足职业农民朋友生产中的技术需求。重点介绍了农业创业、以及新型职业农民必备的基础知识。书中语言通俗易懂，技术深入浅出，实用性强，适合广大新型职业农民、基层农技人员学习参考。

编 者

2017 年 1 月

目　录

模块一　现代农业与农业创业

很多人一辈子最终碌碌无为，并不是没有机会，更不是缺乏能力，而是他们压根就没有去做，连尝试一下的勇气都没有，没有行动，当然就无法获得成功。创业需要动力，创业需要激情，创业需要行动。每个人都希望能够成就一番事业，能够掌握自己的命运，能够创造一份属于自己的辉煌，那不仅仅是一种荣耀，更重要的是看到用自己的心血浇灌而成的事业之树茁壮成长后，那份充实而喜悦的感觉，对每个人而言都将是令人向往和令人陶醉的。

第一节　什么是现代农业

一、现代农业的概念

（一）现代农业的概念

现代农业是广泛应用现代科学技术、现代工业提供的生产资料和科学管理方法进行的社会化农业。它是在近代农业的基础上发展起来的以现代科学技术为主要特征的农业，是广泛应用现代市场理念、经营管理知识和工业装备与技术的市场化、集约化、专业化、社会化的产业体系，是将生产、加工和销售相结合，产前、产后与产中相结合，生产、生活与生态相结合，农业、农村、农民发展，农村与城市、农业与工业发展统筹考虑，资源高效利用与生态环境保护高度一致的可持续发展的新型产业。

（二）现代农业的内涵

现代农业是一个动态的和历史的概念，它不是一个抽象的东西，而是一个具体的事物，它是农业发展史上的一个重要阶段。

从发达国家的传统农业向现代农业转变的过程看，实现农业现代化的过程包括两方面的主要内容：一是农业生产的物质条件和技术的现代化，利用先进的科学技术和生产要素装备农业，实现农业生产机械化、电气化、信息化、生物化和化学化；二是农业组织管理的现代化，实现农业生产专业化、社会化、区域化和企业化。

（1）现代农业的本质是用现代工业装备的，用现代科学技术武装的，用现代组织管理方法来经营的社会化、商品化农业，是国民经济中具有较强竞争力的现代产业。

（2）现代农业是以保障农产品供给，增加农民收入，促进可持续发展为目标，以提高劳动生产率、资源产出率和商品率为途径，以现代科技和装备为支撑，在家庭经营基础上，在市场机制与政府调控的综合作用下，农工贸紧密衔接，产加销融为一体，多元化的产业形态和多功能的产业体系。

（3）现代农业处于农业发展的最新阶段，是广泛应用现代科学技术、现代工业提供的生产资料和科学管理方法的社会化农业，主要指第二次世界大战后经济发达国家和地区的农业。

二、现代农业的要素

（一）用现代物质条件装备农业

现代农业的发展，需要以较完备的现代物质条件为依托。改善农业基础设施建设，提高农业设施装备水平，构成现代农业建设的重要内容。只有加快农业基础建设，不断提高农业的设施装备水平，才能有效突破耕地和淡水短缺的约束，提高资源产出效率；才能大大减轻农业的劳动强度，提高农业劳动生产率；也才能提高农业的抗灾减灾能力，实现高产稳产的目标。

（二）用现代科学技术改造农业

科学技术是第一生产力，依靠科学技术实现资源的可持续利用，促进人与自然的和谐发展，日益成为各国共同面对的战略选择，科学技术作为核心竞争力日益成为国家间竞争的焦点。随着社会经济的不断发展，促进农业科技进步，提高农业综合生产能力，提高农业综合效益和竞争力，成为加快推动现代农业建设的重要内容。传统农业由于科技含量普遍较低，生产经营效率低下，综合效益明显不足。因此，必须用现代科学技术改造农业，大力推进农业现代化建设，不断增强农业科技创新能力建设，加强农业重大技术攻关和科研成果转化，着力健全农业技术推广体系，从而有效提高农业产业的科技技术装备水平，为现代农业发展提供强有力的科学技术支撑，为农民增收、农业增效与农村发展创造更为有利的条件。

（三）用现代产业体系提升农业

现代农业产业体系是集食物保障、原料供给、资源开发、生态保护、经济发展、文化传承、市场服务等产业于一体的综合系统，是多层次、复合型的产业体系。现代农业的发展，需要将生产、加工和销售相结合，也需要将产前、产中与产后相结合，从而有效促进现代农业的产业化发展目标的实现。用现代产业体系提升农业，成为现代农业发展的重要内容。在构建现代农业产业体系，推进农业现代化发展进程过程中，需要推进农村劳动力转移就业，壮大优势农产品竞争力，培植农产品加工龙头企业，打造农产品优质品牌等。同时，还必须进一步完善投入保障机制、公共服务机制、风险防范机制等保障机制建设，不断提高农业的产业化发展水平，为现代农业的产业化发展创造有利条件。

（四）用现代经营方式推进农业

现代经营方式具有市场性、高效性特点，有利于调动农业参与者的积极性与创造性，能大幅提高农业生产资料的运用效率，进而有利于增加农业产业的综合效益。现代农业的发展需要采用与之匹配的经营方式，集约化、规模化、组织化、社会化是现代农业对经营方式的内在要求。同时，党的十八大报告明确提出，要大力发展农民专业合作和股份合作，培育新型经营主体，发展多种形式规模经营，构建集约化、专业化、组织化、社会化相结合的新型农业经营体系。这为我国现代农业经营方式的选择确定提供了有效依据。构建集约化、专业化、组织化、社会化相结合的新型农业经营体系，大力培育专业大户、家庭农场、专业合作社等新型农业经营主体，发展多种形式的农业规模经营和社会化服务，是我国发展现代农业的必由之路。

（五）用现代发展理念引领农业

发展理念对现代农业产业发展产生着极为重要的影响，现代农业的发展需要先进的发展理念来引领。为此，现代农业的发展需要树立先进的发展理念：一是可持续发展理念。农业发展是关系国计民生的“大问题”，现代农业更代表着农业产业发展的主流方向，需要始终坚持可持续发展理念，积极采用生态农业、有机农业、绿色农业等生产技术和生产模式，尽最大可能实现经济效益、社会效益和生态效益的完美统一。二是工业化发展理念。要实现现代农业的跨越式发展，必须借鉴工业化发展模式，对农业实行“工厂化”管理与“标准化”生产，进一步延长农业的产业链，不断提高农副产品的生产效率与品质，有效增强农业产业的深加工能力，大幅增加农业产业的附加值。三是品牌化发展理念。商品品牌具有显著的品牌效应，是企业无形的宝贵资产。因此，现代农业发展（图1－1）需要牢固树立品牌意识，积极实施农产品商标战略，着力打造知名品牌，积极发展品牌农业、绿色农业。此外，现代农业发展还需要树立集约化发展理念、全局协同发展理念等，以满足适应社会经济现代化的发展需要。

图1－1　现代农业生产

（六）用培养新型职业农民的办法发展农业

我国是一个农业大国，但却缺乏职业农民的观念。现有的传统农民已经明显不能满足现代农业的发展要求，新型职业农民的培养对我国农业的现代化发展极为重要。新型职业农民是指“有文化、懂技术、会经营”的以农业作为专门工作的农民，是农业现代化发展的主要实践者。为了适应现代农业的发展需要，党和政府高度重视新型职业农民的培育工作，并实施了一系列的措施和办法，希望尽快培育出一支新型职业农民队伍，以满足现代农业的发展需要。

三、创业与农业创业

创业是一种创新性活动，它的本质是独立地开创并经营一种事业，使该事业得以稳健发展、快速成长的思维和行为的活动。走上创业之路，是人生的一个大转折，它是成就自己事业的过程，是自我价值和能力的体现。创业，要直接面对社会，直接对顾客负责，个人的收入直接与经营利润连在一起。其实，创业的过程就是解决一个接一个的矛盾。一种人认为指出："创业最大的难处，就是可以当自己的主人。"而另一种人认为："创业最大的难处，就是当自己的主人。"这使人想起一个小谜语："海军陆战队和男童军有什么差别?"答案是："男童军有大人带领。"而这句话也说明了创业所必须面对的挑战：多年来都由别人给你发号施令，创业以后再也不能依赖别人，一切都得靠自己（图1－2）。

图1－2　农业大有可为

农业创业是这样一种过程，是指某一个人或一组人，通过寻找和把握农业行业机遇，去创立、创设或创新农业事业和职业岗位。在农业行业领域内去创造价值和谋求发展，并通过自己的产品或服务来满足社会某些人群的愿望和需求。农业创业也是指人们在农业行业领域内进行投资，从事农业生产、加工、运输、服务等活动的过程。农业创业包括种植、养殖、规模经营、进行设施农业生产、从事农业经纪活动、组建农民经济合作社、创办农业企业等。

第二节　创业者与创业类型

一、创业者类型

（一）生存型创业者

创业者大多为下岗工人、失去土地或因为种种原因不愿困守乡村的农民，以及刚刚毕业找不到工作的大学生。这是中国人数最大的创业人群。清华大学的调查报告说明，这一类型的创业者占中国创业者总数的90%。其中，许多人是为了谋生，一般创业范围局限于商业贸易，少量从事实业的也属于小型加工业。当然也有因为机遇而成长为大中型企业的，但数量极少。

（二）变现型创业者

是指过去在党、政、军、行政、事业单位掌握一定权力（第一类），或者在国企、民营企业当经理人期间聚拢了大量资源（第二类）的人，在机会适当的时候下海，开公司办企业，实际是将过去的权力和市场关系变现，将无形资源变现为有形的货币。在20世纪80年代末至90年代中期，第一类变现者最多，现在则以第二类变现者居多。

（三）主动型创业者

又可以分为两种，一种是盲动型创业者，一种是冷静型创业者。前一种创业者大多极为自信，做事冲动。有人说，这种类型的创业者，大多同时是博彩爱好者，喜欢买彩票、喜欢赌，而不太喜欢检讨成功概率。这样的创业者很容易失败，但一旦成功，往往就是一番大事业。冷静型创业者是创业者中的精华，其特点是谋定而后动，不打无准备之仗，或是掌握资源，或是拥有技术，一旦行动，成功概率通常很高。

（四）赚钱型创业者

除了赚钱，这类创业者没有什么明确的目标，就是喜欢创业，喜欢做老板的感觉。他们不计较自己能做什么，会做什么。可能今天在做着一件事，明天又在做着另一件事，他们做的事情之间可以完全不相干。其中有一些人，甚至对赚钱都没有明显的兴趣，也从来不考虑自己创业的成败得失。奇怪的是，这一类创业者中赚钱的并不少，创业失败的概率也并不比那些兢兢业业、勤勤恳恳的创业者高。而且，这一类创业者大多过得很快乐。

二、创业企业类型

（一）复制型创业

这类创业是复制原有公司的经营模式，创新的成分很低。例如，某人原本在餐厅里担任厨师，后来离职自行创立一家与原服务餐厅类似的新餐厅。新创公司中属于复制型创业的比率虽然很高，但由于这类创业的创新成分太低，缺乏创业精神的内涵，不是创业管理主要研究的对象。

（二）模仿型创业

这种形式的创业，虽然也无法给市场带来新价值的创造，创新的成分也很低，但与复制型创业的不同之处在于，创业过程对于创业者而言还是具有很大的冒险成分。例如，某一纺织公司的经理辞掉工作，开设一家流行的网络咖啡店。这种形式的创业具有较高的不确定性，学习过程长，犯错机会多，代价也较高昂。这种创业者如果具有适合的创业人格特性，经过系统的创业管理培训，掌握正确的市场进入时机，还是有很大机会可以获得成功的。

（三）安定型创业

这种形式的创业，虽然为市场创造了新的价值，但对创业者而言，本身并没有面临太大的改变，做的也是比较熟悉的工作。这种创业类型强调的是创业精神的实现，也就是创新的活动，而不是新组织了创造，企业内部创业即属于这一类型。例如，研发单位的某小组在开发完成一项新产品后，继续在该企业部门开发另一项新产品。

（四）冒险型创业

这种类型的创业，除了给创业者本身带来极大改变，个人前途的不确定性也很高；对新企业的产品创新活动而言，也将面临很高的失败风险。冒险型创业是一种难度很高的创业类型，有较高的失败率，但成功所得的报酬也很惊人。这种类型的创业如果想要获得成功，必须在创业者能力、创业时机、创业精神发挥、创业策略研究拟定、经营模式设计、创业过程管理等各方面，都有很高的要求。

模块二　农业创业成功的基本要求

自己创业当老板，比做一般的雇员要承受更大的压力。对于工薪阶层的职员来说，公司垮了可以另谋职位；而对于经营者来说，稍有不慎，整个事业就有可能毁于一旦。在人生旅途上，总是充满各种困难和挫折，有的挫折是由于自己不慎造成的，有的则是不可避免的或意想不到的。有的人在失败和挫折中沉沦下去，而有的人却在失败和挫折中奋发起来，其中缘由，就在于各人基本素质的差别。

第一节　成功创业者需要具备的基本素质要求

创业是极具挑战性的社会活动，是对创业者自身的智慧、能力、气魄、胆识的全方位考验。一个人要想获得创业的成功，必须具备基本的创业素质。创业基本素质包括创业意识、创业精神、创业品质和创业能力。

一、要有强烈的创业意识

创业意识包括创业的需要、动机、兴趣、理想、信念和世界观等要素。创业意识集中表现了创业素质中的社会性质，支配着创业者对创业活动的态度和行为，并规定着态度和行为的方向、力度，具有较强的选择性和能动性，是创业素质的重要组成部分，是人们从事创业活动的强大内驱动力。要想取得创业的成功，创业者必须具备自我实现、追求成功的强烈的创业意识。强烈的创业意识能帮助创业者克服创业道路上的各种艰难险阻，将创业目标作为自己的人生奋斗目标。创业的成功是思想上长期准备的结果，事业的成功总是属于有思想准备的人，也属于有创业意识的人。

二、要有坚定的创业精神

再充分的创业准备都是不完善的，再周密的创业计划书也难有没有顾及的地方，再团结的创业伙伴也会发生摩擦，再厚实的资金也有周转不灵的时候——这些都说明在瞬息万变的创业环境中，能影响我们创业的不定因素太多了，谁都无法保障在下一个路口我们能选对方向，所以，创业过程中会遇到挫折与失败是再正常不过的事情了。也许有时候会觉得前途一片茫然，有时候会觉得自己很无助，有时候又觉得创业太过辛苦，无法再继续。但坚持就是胜利，这就是坚定，就是自信。

三、要有良好的创业品质

创业之路是充满艰险与曲折的，自主创业就等于是一个人去面对变化莫测的激烈竞争以及随时出现的需要迅速正确解决的问题和矛盾，这需要创业者具有非常强的心理调控能力，能够持续保持一种积极、沉稳的心态，即有良好的创业心理品质。它是对创业者的创业实践过程中的心理和行为起调节作用的个性心理特征，它与人固有的气质、性格有密切的关系，主要体现在人的独立性、敢为性、坚韧性、克制性、适应性、合作性等方面，它反映了创业者的意志和情感。创业的成功在很大程度上取决于创业者的创业心理品质。正因为创业之路不会一帆风顺，所以，如果不具备良好的心理素质、坚韧的意志，一遇挫折就垂头丧气、一蹶不振，那么，在创业的道路上是走不远的。宋代大文豪苏轼说："古之成大事者，不唯有超世之才，亦必有坚韧不拔之志。”只有具有处变不惊的良好心理素质和愈挫愈强的顽强意志，才能在创业的道路上自强不息、竞争进取、顽强拼搏，才能从小到大，从无到有，闯出属于自己的一番事业。

第二节　成功创业者需要具备的基本能力要求

一、要有全面的创业能力

创业能力是指工资形式就业以外的“自我谋职”能力，这种能力与市场行为相结合就是小型企业的建立，或者说是指一种能够顺利实现创业目标的特殊能力。创业能力的形成与发展始终与创业实践和社会实践紧密相连。创业能力是一种以智力为核心的具有较高综合性的能力，是一种具有突出的创造特性的能力。创业能力包括专业技术能力、经营管理和社交沟通能力、分析和解决实际问题的能力、信息接受和处理能力、把握机会和创造机会的能力等方面。

(1) 决策能力。决策能力是创业者根据主客观条件，因地制宜，正确地确定创业的发展方向、目标、战略以及具体选择实施方案的能力。决策是一个人综合能力的表现，一个创业者首先要成为一个决策者。创业者的决策能力通常包括分析能力和判断能力。要创业，首先要从众多的创业目标以及方向中进行分析比较，选择最适合发挥自己特长与优势的创业方向和途径、方法。在创业的过程中，能从错综复杂的现象中发现事物的本质，找出存在的真正问题，分析原因，从而正确处理问题，这就要求创业者具有良好的分析能力。所谓判断能力，就是能从客观事物的发展变化中找出因果关系，并善于从中把握事物的发展方向。分析是判断的前提，判断是分析的目的，良好的决策能力是良好的分析能力加果断的判断能力。

(2) 经营管理能力。经营管理能力是指对人员、资金的管理能力。它涉及人员的选择、使用、组合和优化；也涉及资金聚集、核算、分配等。经营管理能力是一种较高层次的综合能力，是运筹性能力。经营管理能力的形成要从学会经营、学会管理、学会用人、学会理财几个方面去努力。

①学会经营。创业者一旦确定了创业目标，就要组织实施，为了在激烈的市场竞争中取得优势，必须学会经营。②学会管理。要学会质量管理，始终坚持质量第一的原则。质量不仅是生产物质产品的生命，也是从事服务业和其他工作的生命，创业者必须严格树立牢固的质量观。要学会效益管理，始终坚持效益最佳原则，效益最佳是创业的终极目标。可以说，无效益的管理是失败的管理，无效益的创业是失败的创业。做到效益最佳要求在创业活动中，人、物、资金、场地、时间的使用都要选择最佳方案去运作，做到不闲人员和资金、不空设备和场地、不浪费原料和材料，使创业活动有条不紊地运转。学会管理还要敢于负责，创业者要对本企业、员工、消费者以及对整个社会都抱有高度的责任感。③学会用人。市场经济的竞争是人才的竞争，谁拥有人才，谁就拥有市场、拥有顾客。一个学校没有品学兼优的教师，这个学校必然办不好；一个企业没有优秀的管理人才、技术人才，这个企业就不会有好的经济效益和社会效益；一个创业者不吸纳德才兼备、志同道合的人共创事业，创业就难以成功。因此，必须学会用人，要善于吸纳比自己强或有某种专长的人共同创业。④学会理财。学会理财，首先要学会开源节流。开源就是培植财源。在创业过程中除了抓好主要项目创收外，还要注意广辟资金来源。节流就是节省不必要的开支，树立节约每一滴水、每一度电的思想。大凡百万富翁、亿万富翁都是从几百元、几千元起家的，都经

历了聚少成多、勤俭节约的历程。其次要学会管理资金：一是要把握好资金的预决算，做到心中有数；二是要把握好资金的进出和周转，每笔资金的来源和支出都要记账，做到有账可查；三是把握好资金投入的论证，每投入一笔资金都要进行可行性论证，有利可图才投入，大利大投入、小利小投入，保证使用好每一笔资金。总之，创业者心中要时刻装有一把算盘，每做一件事、每用一笔钱，都要掂量一下是否有利于事业的发展，有没有效益，会不会使资金增值，这样才能理好财。

(3) 专业技术能力。专业技术能力是创业者掌握和运用专业知识进行专业生产的能力。专业技术能力的形成具有很强的实践性。许多专业知识和专业技巧要在实践中摸索，逐步提高、发展、完善。创业者要重视在创业过程中积累专业技术方面的经验和职业技能的训练，对于书本上介绍过的知识和经验在加深理解的基础上予以提高、拓宽；对于书本上没有介绍过的知识和经验要探索，在探索的过程中要详细记录、认真分析，进行总结、归纳，上升为理论，形成自己的经验特色并积累起来。只有这样，专业技术能力才会不断提高。

(4) 交往协调能力。交往协调能力是指能够妥善地处理与公众（政府部门、新闻媒体、客户等）之间的关系，以及能够协调下属部门成员之间关系的能力。创业者应该做到妥当地处理与外界的关系，尤其要争取政府部门、工商以及税务部门的支持与理解，同时要善于团结一切可以团结的人，团结一切可以团结的力量，求同存异、共同协调地发展，做到不失原则、灵活有度，善于巧妙地将原则性和灵活性结合起来。总之，创业者搞好内外团结，处理好人际关系，才能建立一个有利于自己创业的和谐环境，为成功创业打好基础。

协调交往能力在书本上是学不到的，它实际上是一种社会实践能力，需要在实践活动中学习，不断积累、总结经验。这种能力的形成应注意：一是要敢于与不熟悉的人和事打交道，敢于冒险和接受挑战，敢于承担责任和压力，对自己的决定和想法要充满信心、充满希望。二是养成观察与思考的习惯。社会上存在着许多复杂的人和事，在复杂的人和事面前要多观察多思考，观察的过程实质上是调查的过程，是获取信息的过程，是掌握第一手材料的过程，观察得越仔细，掌握的信息就越准确。观察是为思考做准备，观察之后必须进行思考，做到三思而后行。三是处理好各种关系。可以说，社会活动是靠各种关系来维持的，处理好关系要善于应酬。应酬是职业上的“道具”，是处事、待人、接物的表现。心理学家称：应酬的最高境界是在毫无强迫的气氛里，把诚意传达给别人，使别人受到感应，并产生共识，自愿接受自己的观点。

二、创业中的谈判能力

在创业过程中，创业者要进行一系列的谈判。谈判的结果决定了创业的条件、支付的价格及支付的方法等，与创业的成败有着密切的关系。

（一）创业谈判的特点

农民创业谈判是个人或小团体创建的企业处于萌芽阶段进行的，这就决定了农民创业谈判的特点。

1. 谈判者有最终决定权

创业谈判只能由创业者本人完成，此时，创业者已经进入独立工作的阶段，开始运用自己或筹集来的资金，承担决策的风险。在创业谈判中，创业者要及时回答对方提出的问题，回答不能有重大失误，这就要求创业者慎重对待每一次谈判。虽然创业阶段事务繁忙，但在谈判前要静下心来，仔细思考，认真调查，制订预案。在谈判中，万一遇到难于解决的问题，可以要求对方让自己再考虑考虑，千万不要急于做出决策。

2. 谈判对象的经验往往比创业者丰富

俗话说，“买的没有卖的精”。之所以有这一现象原因如下，作为卖家，不但掌握着全部信息，而且天天在市场上销售商品，已经积累了丰富的经验，有过千百次的锻炼；而买家，即使天天购买某一商品，其经验也远远不可能与卖家比。卖家的“精”是来自于经验的积累。以此来看创业者的谈判，在创业谈判中，创业者处于不精的买家地位，多数农民创业者在过去的工作、学习和生活中，握有最终决策权的谈判机会很少，不可能积累丰富的经验，但在其创业中，又不得不亲自与有着丰富经验的对手谈判，这必然使创业者处于不利的地位。创业者要看到自身的不足，尽快掌握谈判的技巧和要点，必要时，在重要的谈判中还可以请帮手，利用已有的社会资源，弥补经验上的不足，避免谈判不利对创业造成的损失。

3. 一般处于弱势的位置

从理论上讲，谈判双方无论企业大小，地位是平等的，不应该有强势，弱势的差别，但事实上，市场上是讲究实力的。在市场上打拼多年的人都知道“店大欺客，客大欺店”的现象。如果你的购买量很少，你的实力很小，在谈判中就会处于不利的地位。由于交易额少不会得到对方的重视，有时见到对方的负责人都很困难，讨价还价的余地也很小，在谈判中获得有利条件比实力雄厚的大企业要难得多。但事物都有两面性，如果用好弱势地位，也有可能以此争取更有利的条件。创业者对于这一点要有清楚地认识。要通过自身的努力利用这一地位争取更为有利的谈判结果，在谈判中，不要过分计较对方的态度，也不要自卑，特别是不能意气用事。

（二）影响创业谈判能力的相关因素

提高创业谈判能力可以为创业争取更好的条件，用较少的钱办成较多的事，同时也有可能赢得对方的尊重，为今后的发展创造更好的条件。从大量的谈判案例中可以看到，农民创业者要提高谈判能力可以从这 8 个方面着手。

1. 需求

需求与谈判能力成反比，即需求越强，在谈判中的能力越弱。如在房屋租赁的谈判中，如果创业者一方迫切地需要租用某一房屋，而出租方既可以自用，也可以闲置，并不急于出租，此时谈判的能力将偏向于出租方。反过来说，如果出租方的房屋经闲置多年，同时又急需用钱，迫切希望将房出租出去，但等了很长时间也没有人来谈，而创业者可以租用此房，也有其他选择时，谈判能力将偏向于创业者。有经验的谈判人不会暴露自己的需求，用一颗平常心会提高谈判能力。

2. 选择

创业者在相关谈判中，如果一切还没有最终确定，还有较大的调整余地，就有一定的选择权，这是提高自己谈判能力的重要条件。如果能够充分利用市场上商家的竞争，即使是经验不丰富的谈判者也可以取得有利的地位，反之，如果一切都已经确定，选择的余地很小，或者根本没有选择，会在谈判中陷入被动。在市场上争取更多选择的机会，并明示或暗示于谈判对象，可以提高谈判的能力。

3. 时间

这里的时间指两个方面，一是指用于谈判的时间，如果创业者工作繁忙，时间紧迫，只能在百忙之中抽出一点时间谈判，不能为谈判做好充分的准备，必将降低创业者的谈判能力。另外，如果在创业计划中已经排出了时间表，谈判的最后期限已经确定而且不好改变时，在谈判中要取得有利的条件和主动权将非常困难。反之，如果对方时间非常紧张，有一个最后的时间表，创业者则有可能得到有利的地位。

4. 关系

市场上，所有企业都有一定数量的关系户，这些关系户长期使用或销售企业的产品，或向企业提供原材料等，成为企业生存的基本支持，与企业有明显的依存关系。在谈判中，如果对方能够认可创业者有可能在未来为自身带来长远利益，成为合作伙伴，则会在谈判中给予一定的优惠，在一定程度上提高谈判力。反之，对方认为商谈的只是一次性买卖，不可能有长期的合作关系，为确保自己的利益，能够给予的优惠条件就非常有限。

5. 投入

在谈判中，双方投入的多少对谈判能力也会产生一定的影响。如为了采购一台设备，几个创业者跑了几百千米，已经用了两天，吃住和路费已经花了 800 多元，在洽谈购买设备的价格时，创业者会考虑到，如果让对方再降 1 000元，谈判可能没有最终结果，此后再去一个地方谈，还要花费 400 元。这时，很可能不再去冒风险要求对方降价，已经使自身处于不利的地位。反之，如果是对方花费了大量的精力，来到我方所在地，则对方处于相对不利的地位。在谈判中，前期投入多的一方往往会处于更不利的地位。

6. 信誉

商品和人品的信誉也是谈判中的有利条件。有些商品已经在市场上获得了良好的口碑，有品牌优势，在谈判中就能够占据有利的位置。有些人在当地有良好的信誉，在谈判中也会处于有利的地位。而创业者初涉市场，不可能在商品和服务上有良好的口碑，利用这一点取得有利的地位很难。但注意从进入市场开始就建立商品和人品的信誉，能够为今后企业的发展打下基础。

7. 信息

掌握广泛的信息无疑是谈判中重要的筹码之一。如果你充分了解对方的问题和需求，甚至能够掌握谈判方的个人信息，无疑增强了谈判力。反之，如果对方拥有更多的相关信息，对我方有充分的了解，对方就有较强的谈判力。由于创业谈判中涉及的问题既多又杂，创业者在信息这方面很难有优势，但要尽可能地收集最必要的信息，以增加自身在谈判中的筹码。同时，在谈判中还要向有关专家咨询。如果在谈判中对方看到了创业者带来了业内专家，或从交谈中了解到创业者已经掌握了行业内的基本信息，会提高创业者的谈判能力。

8. 技巧

谈判技巧包含很多内容。谈判中既要察言观色，又要有逻辑思维和口才，还要有一定的分析判断能力等。谈判技巧一部分来源于个人的天资，但主要来源于创业者的学习及在商场上经验的积累。从调查来看，有些年轻的创业者虽然进入市场的时间不长，但由于善于总结经验，注重学习和培训，有较高的谈判技巧，而有些人虽然有较长时间的经商历史，但不注重学习和总结，谈判的能力并不强。

（三）创业谈判的注意事项

由于创业者缺乏经验，又在谈判中承担着最终决策者的职责，而谈判中的结果都会对创业带来一定的影响，所以，在创业谈判中要特别注意以下问题。

1. 谈判前尽可能全面地收集信息

从前面的案例可见，谈判中对信息的掌握是非常重要的筹码。谈判前需要掌握的信息很多，主要有四个方面：一是谈判企业的信息，包括企业的性质、企业的历史、当前的业务状况、企业提供的商品和服务在市场上的口碑，谁拥有企业的最终决策权，该企业在谈判中惯常的做法等。二是可替代产品或服务的信息，包括相关企业的信息，这些企业提供商品或服务的性价比，与谈判方提供商品或服务的比较等。三是谈判内容涉及的有关信息，包括历史上该商品或服务的价格、技术性能指标、市场行情、影响行情的因素变化等。四是在有可能的条件下，掌握谈判方个人的信息，如其历史、爱好、兴趣、主要社会关系等。了解以上信息，可以在谈判中得到更有利的条件。

2. 事先制订谈判的预案

在重大谈判前，创业者对谈判的可能结果要有设想，要确定自己的谈判条件。要设想如果对方不能满足自己的要求时可以做哪些让步及怎样让步。如果对方不让步，还可以有哪些相应的条件和措施。如果对方提出我方意外的条件和要求时需要怎么办。在谈判涉及的内容较多时，还可以做几个预案。在多人参与谈判时，谈判前要商议预案的内容，对谈判进行分工。在准备工作完成时，创业者感到分工和谈判的内容已经明确时才可以前去谈判。没有充分的准备，在谈判现场临时决定，以及有明确分工和谈判的方案就以小组的形式前去谈判，特别容易在谈判中陷入被动。

3. 不要忙于报价

对于涉及金额较大的谈判，同时又对行情了解不够的条件下，一般不要急于报价。有些商品和服务的价格弹性较大，从不同的角度衡量，以不同的方法计算会有不同的结果。如2001 年我国河南农民利用 3 年时间，投入近 30 万元发明了一种机器，发明者拥有全部知识产权，拥有几项专利。起初，发明的机器仅用于企业对外加工。后来马来西亚的一家企业找上门来表示希望购买这一机器回国使用，让这些农民报价。几个农民根据成本加成法，考虑了机器生产的成本加 100% 的利润，报出了 18 万元的价格。谈判时对方非常爽快地同意了这一价格。在机器运走前，马来西亚商人透露，考虑到这一机器是全新的发明，他们原准备以 120 万元购买，而谈判的结果让他们捡了个大便宜。几个农民知道后后悔不已，几天没有睡好觉。

4. 不要贪小便宜

以微小的让步促使谈判成功，从而确保自身的更大利益是谈判最常用的策略之一。对于没有经验的谈判者，如果被对方的小让步吸引，会有较大的损失。创业者一方面缺乏经验，容易为对方的小让步迷惑；另一方面在谈判中又处于弱势，有时会感到对方的让步来之不易，而忽视对大局的把握。

5. 要考虑长远利益与关系

商业活动需要大量的合作伙伴，与创业者谈判的并非竞争对手，多数是合作伙伴或潜在的合作伙伴。在谈判中，一方面要为自己争利益，另一方面也要注意不损害对方的利益。既不要使用欺骗手法，也不要乘人之危，而要使谈判的结果实现双赢。在谈判中要记住，做生意的另一面是做朋友，只有在商场上有了足够数量的合作伙伴，企业才有可能立于不败之地。在谈判结束时，无论该谈判是否成功，也要为以后可能的合作留下余地，使每一次谈判都扩大自己的合作伙伴。

6. 谈判条件要留有余地

在创业谈判中，有些条款是刚性的，是创业者的底线，超过这一底线就不能再谈了，但既然是谈判，就需要有可商议的条款，要有弹性的条件。如果只有一个条件，只能让对方在同意和不同意间选择，就失去了谈判的灵活性，这种谈判很难达成有利于双方的条款。在谈判前，要认真考虑相关的谈判条件，要有多种预案，要为对方留下一定的空间，谈判的态度要坚决，要保护自己的利益，同时谈判的方法要灵活，要让对方感到通过谈判可以为自己争取利益，愿意谈下去。

7. 要赢得对方的好感且自己要有正确的判断

在重大创业谈判中，很少有人一开始就进入主题，商议关键的条款。此时，双方的话题还未展开，对于对方也不了解，这时就谈关键问题容易使谈判陷入僵局。多数情况下，是先聊聊双方感兴趣的话题，平和心态，双方关系初步融洽时再开始谈判。谈判最忌盛气凌人，居高临下。如果对方对你没有好感，在谈判中很容易吃亏上当。我国著名收藏家马未都曾讲过这样一个故事，一次他们去古玩市场，其中，一个生意人不懂古玩，在市场上看中一个瓷碗，他用脚指着碗对蹲在那儿的卖碗人说，“嘿，这玩意儿多少钱。”对方冷冷地看了看他，“一万二”。经过一番讨价还价，最终这个生意人用 1 000元买了一个只值 20 元的碗。此事说明，自己没有正确的判断报价且对方对你没有好感时，谈判的结果往往不利。

8. 思索要快，说话要慢

在谈判中，创业者所说的每一句话都会成为对方的条件，快人快语容易吃亏。谈判中切记，要想好了再说话，宁可少说话，不要说错话。谈判虽然有时有一定的时间用于聊天，但这种聊天与朋友间的聊天完全不同，不能将朋友间聊天的习惯用到谈判中。要慎重对待自己所说的每一句话，要对自己的话负责。在谈判中，思考一定要快，既要考虑对方的条件和话中的含义，又要察言观色，认识对方的真实意图，同时，还要斟酌自己的用词，使之正确表达己方的意图。

9. 要把握时机，善于决策

谈判中对于时机的把握有着重要的意义。当谈判的条款达到了我方的预计，可以接受时，要考虑是否立刻接受条件，结束谈判。因为此时如果再继续谈下去，有时条件反而会向不利于我方转变。另外，谈判的目的是为创业创造良好的条件，达到这一目是最重要的。迟迟不做决定，有时会丧失可以得到的时机。把握时机的关键是谈判前做好预案，根据预案设想决定谈判在什么条件下即可结束。没有事先的准备，仅凭借谈判时的判断，不容易把握好时机。

10. 从谈判的目的出发展示不同的自己

在谈判中以什么面貌出现也是值得注意的问题，仅仅以自己的日常面貌出现有时不利于创业。俗话说，到什么山唱什么歌，在谈判中要针对不同的对象，根据不同的目的，展示自己不同的方面。一般来说，在购物谈判中，不宜以有钱人的面貌出现。要让对方感到你购买这一物品力不从心，已经尽了最大努力时，有利于压低商品的价格。但在争取代理权，争取加工合同，争取贷款，争取外来投资，以及在与进出口商等的谈判中，往往需要展示自己有实力的一面，这样才能得到对方的信任。在这种谈判中，不少新创业的企业虽然没有好车也要租一辆或借一辆去参加谈判。在谈判中还要穿上高档服装，戴一块好表。因为在此时，如果对方感到你没有实力，没有能力，就不愿意与你深谈，从而失去了发展业务的机会。

创业谈判既是一项技能，又是一门艺术，成为一个有能力的谈判人是不容易的。在创业谈判中需要注意的问题还很多，但把握住基本要点，并进行一定的努力，完全可以保证创业的成功。

（四）谈判的进程

我们可以通过一次租房的谈判认识创业谈判的过程和

内容。

河北省定州市返乡农民程某拟在县城开饭馆。经过多次考察和了解，选定了鹏程小区的一间临街铺面房。对方开价1 200元/月。通过谈判，双方达成最后的租房条件。下面是程某谈判的过程及内容。

上午9时30分，程某敲开鹏程小区物业办公室的门，“您好，我叫程某，昨天打电话预约过，听说你这里的铺面房要出租。”

房主说：“是，铺面房使用面积120平方米，以前租用者做过装修，还留有空调等，由于这里的地理位置相对较好，所以，房子租金要高些，要1 200元/月，请问你需要租多长时间?”

程某说：“我想先租两年，你看房租还可以少一点吗?”

房主这时说：“你也不要多还价了，可少100元，不过事先说明，水电费是你们自己出。”

程某接着说：“你看，房子处于背阴区，太阳整天都不能照射进来，房间里面的光线不强，开业后要大量的照明用电，所以希望房租还能少一点。”

房主说，“对于你说的这些我已经考虑过了，所以我一开始就少要了你100元，你也不要让我再少点，你开个价看我能接受不?”

这时程某就说：“如果我一次付清两年房租，800元一个月是合理的价格。”

听了程某的话，房主说：“一次付清房租可以优惠，但你也知道这一地区铺面房都很紧张，在你来以前已经有很多人看过房子，我都是1 200元/月，对于你，我已经少要了100元，你看我已经做出让步了，你说的800元/月这个价太低了，按我说的价，你租这房子一点也不亏。”

这时程某说："前几天我曾来看过，房子里面的装修不是很完整，我还需要花至少半个月装修，装修也需要不少投入，是否能再优惠一些？"

这时房主说："看你这人比较直爽，我就给你1 000元/月，你就不要再还价了。"

程某还想再做一次努力，说："你也不要说1 000，我也不再还价，就900吧，要是可以，我们就签合同，你看怎么样？"

房主考虑后回答说："这个价真的不能再少了，我这已经是周边最低的价了，你再考虑一下。"

程某考虑了一会，心想这个价与周边相比已经比较低了，如果再谈下去很难有什么作用，就回答房主说："就按你说的1 000元/月，我们签合同吧。"

这次谈判成功，程某以预想的价格租到想要的房子。房主可收到两年的租金，对价格也满意。

从上面的谈判我们可看到，谈判首先是双方准备条件的过程，物业公司已经有长期的出租经验，清楚当地的价格和需求，有谈判的底线和基本条件。创业的程某也有一定的调查，心中有出价的预想。其次是商讨条件和价格的阶段，条件和价格是紧密联系的，要压低价格，相应地需要一些条件，准备这些条件是谈判中的重要内容，谈判的结果与条件的准备有很大关系。最后是决策阶段，如果谈好条件不能决策，则谈判就没有结果。当条件基本满足创业要求时，还需要创业者下决心拍板，完成创业这一阶段的工作。另外，为节省谈判的时间，在谈判前还要与对方预约，双方都有思想上和条件上的准备，谈判时，最好按预约的时间到，一方面不要引起对方的反感，另一方面，也保证能够使谈判准时进行。

三、签订创业合同的能力

创业谈判的结果有的是当场成交，有的则还要进入下一步：签订合同。如租房、商品订购、大宗商品交易等。连锁经营也要先签订连锁经营合同，以后在经营管理中还需要签订大量合同。

创业者需要学会在签订合同中识别合同中的问题，保护自己的利益，同时也要学会通过签订合同建立合作关系。

（一）创业者需要签订哪些合同

根据调查，绝大多数创业者需要签订以下合同。

1. 租赁合同

绝大多数创业者需要租用土地、房屋，有些创业者还需要租赁部分设备、车辆。而租赁合同涉及的金额较大，时间较长，对创业成败的影响很大。如有的创业者签订的租赁场地合同规定的租期很短，合同到期后，对方可以提高租金。此时，企业搬迁损失很大，不搬负担加大，陷入两难的境地。也有的创业者在租用农田后又进行了改造，由于合同规定的租期短，农田改造刚刚见到成效，合同就到期了，此时出租方既可以提高租金，又可以回收土地，而创业者处于非常不利的地位。另一方面，创业又有前景不确定的特点，如果将租期定得很长，一旦创业不利或创业后发展较快，都需要对场地、场所等进行调整。此时，过长的租期会使创业者处于两难的位置，也不利于创业。

2. 购销合同

所有的创业者都会签订购销合同。创业的生产型企业所需要的原材料、零部件以及设备等需要购买，有些设备还需要定制，完成这些需要与销售方或生产方签订采购合同。创业期间，企业常常委托批发商、超市、代理商组织销售，这些工作也要签订合同。从社会现时来看，部分老企业由于有长期业务关系，可以通过口头协议完成交易，而创业企业在市场上缺少这种关系和信任，产品的销售多需要签订销售合同。

3. 用工合同

多数农民创业企业中的员工虽然少，但根据国家规定，对所招收的员工也需要签订用工合同。签订用工合同既是对企业的一种约束，使企业有了义务，有了压力，同时也是对员工的一种约束和保障。从企业发展的实际可以看出，企业的发展离不开员工的努力，通过与员工签订合同，员工感到自己的利益有保障，有利于发挥员工的积极性和创造性，使员工与企业共同发展。

4. 技术合同

技术是企业发展的主要动力之一，是提高竞争能力的关键因素。对于生产和经营性企业来说，需要有关部门为其提供科技服务，需要购买相关技术，需要与有关企业或单位签订科技服务、科技开发、科技咨询等合同。通过这类合同，可以发挥科技单位的作用，促进企业的技术进步，在市场上取得更为有利的位置。

5. 代理合同

代理合同中有销售代理、委托代理、广告代理等。诸多小企业在创业中采用代理方式销售其他企业的产品，就要通过代理合同明确双方的权利、业务和责任。同时，也有大量的小企业通过委托代理的方式等，将自己生产的产品销售到全国甚至世界各地。还有大量的创业小企业将内部事务交有关代理机构负责处理，如目前就有不少小企业将企业的会计业务甚至部分办公业务交有关公司办理。这样不但减少了开支，而且也能保证业务的专业水平，在这些事务中，有不少需要签订服务代理合同。

除上述合同外，创业企业还经常需要签订运输合同、工程合同、仓储合同、承包合同、保险合同、外贸合同等；可以说，合同涉及企业对外业务的各个方面，签订合同是创业者处理相关业务不可缺少的一个环节。

（二）合同的主要内容

虽说创业合同可以有口头和书面两种形式，但口头合同缺乏证据，即所谓空口无凭，倘若发生纠纷解决比较困难，故涉及较大金额和较长时间，内容比较复杂的事物多用书面合同。

创业涉及的书面合同一般包含以下内容。

1. 当事人的基本情况

如果当事人是自然人，要注明姓名，同时要写明其户口所在地或经常居住的地方。法人则写明其名称、单位负责人、办事机构的地址、电话、传真等。

2. 标的

即合同中双方商谈的各自权利与义务。合同标的条款必须清楚地写明双方确定的各自权利和义务的名称与范围。如所租是哪一房屋，承包的是哪一块土地等。

3. 质量和数量

质量和数量的内容要十分详细和具体，要有技术指标、质量要求、规格、型号等。数量条款也要确切。首先，应选择双方共同接受的计量单位；其次，要确定双方认可的计量方法；再次，还需要规定可以允许的合理误差，以及产生误差后的解决办法。如双方谈定甲方购买乙方的500箱苹果，但在装车时发现，所定的运输车辆只能装482箱。如果合同中没有规定合理的误差，会给合同履行带来不少问题。

4. 价款或报酬

在合同中，除应当注意采用大小写来表明价款外，还应当注意在部分合同中价款的其他内容。如有的合同价款内容中还要有对于运费、保险费、装卸费、保管费等的规定。

5. 履行期限

指履行合同内容的时间界限。合同要在哪一时间段内履行，提前时有什么规定，超过时间后如何解决。如果是分期履行，还要列出分期的时间。

6. 履行的地点和方式

合同中还需要列出在何地，以何种方式履行合同的内容。

7. 违约责任

违约责任是因合同一方当事人或双方当事人的过错，造成合同不能履行或不能完全履行，过错方应承担的民事责任。增加违约责任条件可促使合同当事人履行合同义务，对维护合同当事人的利益关系重大，也是谈判的重要内容之一，谈判双方在合同中应对此予以明确。另一方面，违约责任是法律责任，即使在合同中当事人没有约定违约责任条款，只要当事人未依法予以免除，则违约方仍要承担相应的民事责任。

8. 解决争议的方法

当事人可以在合同中约定对于合同执行中发生争议的解决办法。一般情况下，谈判双方对争议应首先自己协商，如果协商不能解决，则还需要列出，是通过仲裁还是通过法院来解决纠纷。

9. 合同中约定的其他内容

如合同的份数、签订的时间及签订人等。一份内容完整的合同在双方签字或盖章后就有了法律效力。

（三）签订合同时需要注意哪些问题

合同签订的好坏对创业企业影响重大，然而，创业者在企业初创时要面对各种各样的问题，全部处理好是非常困难的。如果有条件，创业者应设法结交法律界的朋友。如律师、司法人员，其他企业法律办公室的工作人员、学校的法律教师等；在签订重大合同时，及时与这些人员沟通，听取他们的意见，可以防止部分隐患的发生。如果无条件请别人帮助审查合同，创业者在签订重大合同时，应尽可能注意以下几点。

1. 坚持签订书面合同

口头协议办事非常方便，然而一旦对方失信，容易引发纠纷。从我国的情况看，我国有不少地区的中小企业长期通过彼此的信任开展业务，不签订合同也取得了良好的发展，有的企业也能够做到一定的规模。但是，也确有不少企业因没有合同的保护吃了哑巴亏。有的企业仅凭对方的电报、电话、发货通知单就进行交易，给合同履行带来隐患。从业务关系来看，认真签订合同并不影响双方的业务和朋友关系，对合同的认真态度甚至会使业务关系更为紧密，那些不愿意签订正式合同的单位和个人反而令对方感到不信任。在企业业务上认真和计较与朋友关系要分开，对于企业的业务不要好面子，要认真对待，吃亏占便宜都在明面上，这对创业者及业务关系户都有好处。

2. 掌握对方真实详细信息

创业中，一份合同是否有效的关键常常不在于合同条款的内容如何，而在于我们与谁签订合同。如果是一个有信誉、有能力、有实力，并希望与我们建立长期合作关系的单位，即使合同的签订中有一些问题，也不会造成严重的影响。相反，如果签订合同的对方是虚假单位，好的合同也不会有实际的效益。所以，签订合同前了解对方真实详细情况比合同的文字表述更为重要。如有的创业者在租赁房屋时不是与房屋的所有者签订合同，而是与租房户签，这样的合同很难保证创业者的利益。又如在供销合同中与根本就没有实力的供应或销售企业签订合同，执行中只能是听天由命，根本没有保证。创业者要认真对待合同，同时也不能过分依赖合同。签订合同前一定要认真调查研究，要了解签订合同的对象，特别要从多个方面了解对方的真实情况，了解企业的行事作风，了解企业负责人的信誉和口碑。

3. 违法合同无效

合同的效力要建立在符合基本法律法规的基础之上，有违法内容的合同是无效合同。如城市居民购买农民的住房，购买农村的土地开办企业，都是违法的，这种合同不受法律保护。仿造证明，冒充当事人等也是违法行为，签订的也是无效合同。另外，买空卖空、私自转让以及通过行贿签订的合同也是违法合同。当事人签订的合同是否符合法律的有关规定是个比较复杂的问题。只有在创业者十分明确，所签合同完全符合有关法律法规的条件下，才可以签订相关的合同。如果对合同内容是否违法并不完全清楚，最好在签订合同前就合同的内容，特别是认识不明确的地方咨询司法人员，以确保所签的合同正确而且有效。

4. 要有可靠的担保人

有些合同涉及的金额较大，如果签订合同的另一方在履行合同中有一定的风险，则需要在合同的签订中规定担保人，以此确保义务的履行和权利的实现。合同担保一方面是督促债务的履行；另一方面是确保债权的实现。片面地将合同的担保理解为确保债务的履行或确保债权的实现都是不全面的。一般来说，创业者对于合同的担保人要有比较全面的了解，以保证担保的可靠性。同时，担保人要有较强的经济实力，能够在发生问题时起到保证合同履行的作用。多数情况下，担保会增加签订合同的工作量，但一份切实可行的合同找到担保人并没有太大的困难。同时，要求担保，可以对合同的内容进行更深入的验证，有助于防止意外的损失。再有，合同保证人应是保证债务人履行债务的自然人、法人或者其他经济组织。《中华人民共和国担保法》规定：国家机关、学校、医院等以公益事业为主的事业单位，社会团体不得作为担保人；企业法人的分支机构、职能部门不得作为担保人，但企业法人的分支机构有法人出面授权的，可以在授权范围内提供担保。最后还要注意担保期限和担保时效方面的问题。

5. 权利义务内容要具体明确

在生活中，有些事物看来很明确，但用文字准确表达有一定的难度。而在经济合同中，含混的表达往往使企业真实的意图不能为对方所理解。如水果采购商委托收购水果，仅仅说是收购上好的水果，则收购的果品多数情况下不会满足收购商的要求。此时，往往要对所收购果品的色泽、大小、外形、甜度等进行详细的描述，在大多数情况下还需要备有样品，这样合同才能明确。在土地租赁合同中，除了文字的表述外，一定要有双方盖章认可的位置图，以防止日后出现对土地位置的不同理解。对于加工产品，不但要有设计图，而且还需要有使用的材料及达到相关性能等要求的说明。对于工程服务等的质量要求，虽然不易表述，但如果要签订正式合同，也要有明确双方权利义务的具体内容，否则，不但自己的利益得不到保证，而且会给合作方留下不好的印象。

6. 尽可能在本地签订合同

近几年，少数公司利用人们急于交易的心理，许诺有较大量的交易，但坚持要创业者到对方所在地去签订合同。有时，签订合同的区域与创业者所在地有几千千米之遥，待人到了地方，对方的条件马上发生重大变化。此时，签订合同肯定吃亏，如不签，自己跑了几千米路，花了大量的时间，也不合适。对于创业的小企业来说，由于业务关系少，对外界了解少，在没有把握的情况下，业务尽可能在可以了解的周边区域或者商业信誉较好的大城市做。对于路途遥远的陌生地区需要保持一定的警惕，宁可盈利少一些，也要风险小一些。如果对方真有诚意，完全可以想出办法，没有必要一定要企业派人到几千里外去洽谈业务，签订合同。

四、能沟通，会协调

沟通协调能力是从事管理工作必须具备的基本能力。在企业组织中，管理人员通常担负着带领和推动某一部门、环节的若干个人或群体共同从事生产经营活动的职责，因此，需要管理人员具有较强的组织能力，能够按照分工协作的要求合理分配人员，布置工作任务，调节工作进程，将计划目标转化为每个员工的实际行动，促进生产经营过程持续有序地稳步进行。不仅如此，为了充分发挥协作劳动的集体力量，适应企业内外联系日益复杂的要求，管理人员应成为有效的协调者，善于协调工作群体内部各个成员之间以及部门内各工作群体之间的关系，鼓励职工与群体发挥合作精神，创造和谐融洽的组织气氛；同时要善于处理与企业有直接或间接关系的各种社会集团及个人的关系，妥善化解矛盾，避免冲突和纠纷，最大限度地争取社会各界公众的理解、信任、合作与支持，为企业的发展创造良好的外部环境。

五、懂经营，会管理

经营管理能力是创业者对人员、资金、运营方式等的管理能力。经营管理能力是创业者事业成功的保障，是创业取得成功的核心能力，是解决企业生存和发展的第一要素。经营管理能力是一种较高层次的综合能力，涉及人员的选择、组合、优化、使用，也涉及资金的筹措、调度、核算、分配、增值等方面。创业者经营管理能力的形成要从学会用人、学会经营、学会管理、学会理财等几个方面入手，认真地去体会、实践、提高和创新。

为什么中小企业长不大？问题更多的还是出在管理层面上。

如果我们把经营比作开荒，管理大概就是种田了。经营企业，如果依靠机遇就只能听天由命，离开了管理，不去强基固本，一场风雨就可能让你的田地荡然无存，不要说收获庄稼，恐怕连你开垦的泥土都会被冲刷得干干净净。因此，要想把企业做大做强就一定要在管理上多下功夫。

六、抓机遇，敢决策

决策，在日常工作中也常常称为“拍板”“决断”“敲定”。决策能力是创业者根据主客观条件，因地制宜，正确选择创业的发展方向、目标、战略以及具体确定实施方案的能力。一个创业者首先是一个决策者，决策是一个人综合素质和能力的体现。正确决策是保证创业活动顺利进行的前提，尤其是有关创业机会的捕捉、创业资金的筹措、创业人员的组建、营销策略的制订和运营模式的设计等重要决策，都直接关系到创业的成败。

创业者的决策能力通常包括分析能力和判断能力。要创业，就要从众多的创业目标以及方向中选择适合发挥自己特长与优势的创业方向和途径。在创业过程中，创业者一方面要从错综复杂的表象中发现商机、分析原因、找出事物的内在联系和本质，从而正确处理和解决问题，这就需要创业者必须具有良好的分析能力；另一方面，要从客观事物的发展变化中找出原因，掌握发展方向，使其朝着有利于创业的方向发展，就需要有良好的判断能力。分析是判断的前提，判断是分析的目的，正确的决策能力 = 良好的分析能力 + 果断的判断能力。

七、懂技术，善创新

管理人员应当具备处理专门业务技术问题的能力，包括掌握必要的专业知识，能够从事专业问题的分析研究，能够熟练运用专业工具和方法等。这是由于企业的各项管理工作，不论是综合性管理抑或职能管理，都有其特定的技术要求。如计划管理要求掌握制订计划的基本方法和各项经济指标的内在联系，能够综合分析企业的经营状况和预测未来的发展趋势，善于运用有关计算工具和预测方法。要胜任计划管理工作，就必须具备上述专业能力。因此，管理人员应当是所从事管理工作的专家。此外，就管理对象的业务活动而言，管理人员虽然不一定直接从事具体的技术操作，但必须精通有关业务技术特点，否则就无法对业务活动出现的问题作出准确判断，也不可能从技术上给下级职工以正确指导，这会使管理人员的影响力和工作效能受到很大限制。

模块三　涉农市场调查与分析

第一节　涉农市场调查

一、市场的概念

市场是一个有着多重涵义的概念，商品经济越发达，市场的范围和容量就越扩大。目前的市场具有相互联系的4层含义。

（一）商品生产者和商品消费者之间交换关系的总和

经济学家从揭示经济实质的角度提出市场概念。他们认为市场是一个商品经济范畴，是商品内在矛盾的表现，是供求关系。

卖方市场，是指市场供求关系中出现供不应求，卖方居于有利地位的市场态势。买方市场，是商品供过于求，买方掌握市场交易主动权的一种市场形态。物质丰富时期，通常表现出的是买方市场，也就是消费者想买谁的产品就买谁的产品。

（二）买主和卖主聚集在一起进行交换的场所

在日常生活中，人们习惯将市场看作是买卖的场所，如集市、商场、纺织品批发市场等。随着社会交往的网络虚拟化，市场不一定是真实的场所和地点，当今许多买卖都是通过计算机网络来实现的，中国最大的电子商务网站——淘宝网，就是提供交换的虚拟市场。

（三）现实顾客和潜在顾客

市场营销学是站在卖方的角度来理解和运用“市场”这一概念的，因此市场通常仅指买方。从营销的角度看，市场可以理解为具有特定需要和欲望，而且愿意并能够通过交换来满足这种需要或欲望的全部潜在顾客。市场是指某种产品的现实购买者与潜在购买者需求的总和。

（四）有购买力的需求

市场营销学认为，市场包含3个构成要素：有某种需要的人、为满足这种需要的购买能力和购买欲望。用公式表示就是：市场＝人口＋购买力＋购买欲望。三者结合才能构成现实的市场。

二、市场的类型

（一）按照交易对象的不同分类

（1）按消费者类别划分。可以分为妇女市场、儿童市场、老年市场、青年市场等。

（2）按产品的自然属性分。可以分为商品市场、技术市场、劳动力市场、金融市场、信息市场等。

（3）按交易对象的最终用途来分。可以分为生产资料市场、消费资料市场和生产要素市场。

（4）按市场的时间标准分。可以分为现货市场和期货市场。

（5）按地理标准（空间标准）分。可以分为国内市场、国际市场、城市市场和农村市场等。

（二）按市场的主体不同分类

（1）按购买者的购买目的和身份分。可以分为消费者市场、生产商市场（工业使用者市场或工业市场）、转卖者市场

(中间商市场或政府市场)。

(2) 按照企业的角色分。可以分为购买市场、销售市场。

(3) 按产品或服务供给方的状况分。可以分为完全竞争市场、完全垄断市场、垄断竞争市场、寡头垄断市场。

三、调查农业市场的方法

(一) 文案调研法

也叫二手资料收集法，是从已有的数据、资料、调研报告及已发表的文章中收集有效信息，然后加以整理和分析的一种市场调研方法。

(二) 实地调研

是在制订详细的调研计划和方案的基础上，由调研人员直接向被调研者收集第一手资料，然后再进行整理分析，从而写出调研报告得出调研结果的方法，分为访问法、观察法和实验法3种。

(1) 访问法。按所拟调研事项，有计划地以访谈、询问等方式向被调研者提出问题，通过他们的回答来获得有关信息和资料的一种调研形式，这也是市场调研中最常用、最基本的调研方法。它可分为深度访谈、GI座谈会、问卷调查等方法，其中问卷调查又可分为电话访问、邮寄调查、留置问卷调查、入户访问、街头拦访等调查形式。采用此方法时应注意，所提问题确属必要，被访问者有能力回答所提问题，访问的时间不能过长，询问的语气、措词、态度、气氛必须合适。

对于农业市场行情中的一些专业性问题，往往需要问策于行家里手、专业人士，如一些高校、科研院所的专业技术人员。这些专业性问题主要是指资金运作、成本核算与控制、企业运营管理、生产经营技术、市场开拓方案等。

(2) 观察法。它指调查者在某活动现场对被调查者的情况直接观察、记录，以取得信息资料的一种调查方法。在观察过程中，常需要借助一些记录工具，如录音机、照相机、录像机、摄像头或其他器材。这种调查方法的最大特点是被调查者并不感到正在被调查，调查效果较为理想。一般包括直接观察法、亲身经历法、痕迹观察法（观察调查对象留下的实际痕迹。例如，美国的汽车经销商同时经营汽车修理业务。他们为了了解在哪一个广播电台做广告的效果最好，对开来修理的汽车，要干的第一件事情，就是派人看一看汽车收音机的指针是在哪个波段，从而可以了解到哪一个电台的听众最多，下一次就可以选择这个电台做广告）、行为记录法等。

（3）实验法。它是通过实际的、小规模的营销活动来调查关于某一产品或某项营销措施执行效果等市场信息的方法。实验的主要内容有产品的质量、品种、商标、外观、价格，促销方式及销售渠道等。它常用于新产品的试销和展销。

（4）跑一跑市场。农业市场是众多市场中的一种，如今呈现多样化、综合化的发展态势。农业市场已涵盖农业生产、加工、运输、服务等活动，包括种植、规模养殖、设施农业生产、从事农业经济活动、组建合作社、创办农业企业等。

选择其中一种或几种方式进行创业投资都必须好好地跑一跑市场，认真搞好调查分析和研究，从而确定自己准备从事的市场方向，避免走弯路。

可以亲自跑市场，也可以借助其他条件了解掌握农业市场行情，最终的目的就是要判断自己要做的市场条件是否已经具备（包括资金、场地、人员、技术以及市场需求和发展状况等方面的条件）。

跑市场有一个常见的误区，就是过于相信得出的结论，尤其是当它们以大量的数字、复杂的表格、华丽的图表等形式出现时。有的人迷信数字，把跑市场搞调研错误地认为是数字的代名词，于是就对调研的结论照单全收，而总是忘了追问一句：这些数字是怎么得来的。

（三）特殊调研

特殊调查有固定样本、零售店销量、消费者调查组等持续性实地调查，投影法、推测试验法、语义区别法等购买动机调查，CATI 计算机调查等形式。

（四）查资料法

市场行情在研究现实中是以各种各样的信息形式存在的。这些信息存在于各种各样的资料当中，有些是现成的，可以直接运用；有的是隐藏的，需要从现象当中进行分析提炼，形成有用的东西，从而加以运用。这些资料的来源有报纸、杂志、专业书籍、新闻报道、互联网等。我们在条件许可的情况下可以直接进行资料查询，此外也可以委托其他机构如市场调查公司、咨询公司，通过发放调查问卷、实地调查等方式进行。

21 世纪是信息时代，可以说，谁掌握了信息，谁就拥有了财富。农民朋友，请捧好信息这只“聚宝盆”！

与农民朋友创业密切相关的信息有市场信息、名特优新种苗信息、各级政府关于农业方面的政策信息、气象信息等。一般来说，有效信息来自政府部门发布的信息、农副产品批发市场信息、网络信息，同时，报刊、电台、电视也是农民朋友获取信息的重要途径。

第二节　涉农市场行情分析

一、找准合适的购销渠道

现如今，市场更多的情况下是买方更具有主动性和发言权，再好的产品或服务也不能深居高阁，“酒好也怕巷子深”，必须移居到巷子外面，找准合适的购销渠道。

购销渠道的选择有多种：一是由政府牵头举办有地方特色的农副产品展销会、推介会等；二是由专门的机构或组织专业从事农副产品购销活动；三是可以与上游及下游签订合作协议，按要求组织生产，形成订单农业；四是找专业经纪人或代理商，由他们代理销售；五是搞一些特色农业项目，加强宣传，提高优质农产品的知名度，经常参加农产品的展销或展示活动，或将客户请进来。

二、客户分析

如果你已经初步选择了一个农业创业项目，那你首先就要确定为谁服务、何时服务、提供什么服务、用什么方式服务和为什么要为他提供服务等方面的问题。从投入与产出的角度来分析，必须获得一定的利润方可进行投资。因此，客户的选择就显得尤为重要。

哪里有需求，哪里就有市场。这里的需求是指现实意义的需求，是指具备一定的规模和购买能力而且有购买意愿的消费者群。这个消费者群就是我们的客户。

在进行客户分析时，我们可从客户的兴趣爱好、年龄性别、需求偏好、购买能力以及地区分布等方面进行分类管理，同时采取有针对性的策略方法进行市场开发。

三、利用好人力资源

企业发展不是单打独斗，我们周围有很多人，会给予我们帮助，为我们企业的发展注入物力、精力、财力或者智力，利用好这些人力资源，我们的企业就会插上腾飞的翅膀。可以帮助我们的人，从大类来讲，主要有家人、亲戚、朋友、投资商、供货商、经销商、新闻媒体人、政府工作人员、同行专家、合伙人、自己企业的员工等。

四、分析农业项目的发展前景

一个有价值的农业项目，应该呈现四有，即有一定规模、有发展潜力、有市场效益以及有特色。在分析农业项目的发展前景时，主要从以下四方面考虑。

一是外部环境分析。农业创业项目的外部环境是创业者难以把握和不可控制的外部因素，是一种不断变化的动态环境。例如，消费者的偏好及其变化、政策法规的变动、市场结构的变化、新技术革命带来的生产过程的变化等。

二是市场需求量分析。市场规模过小或趋于萎缩状态，企业进入后则难以发展，而过大的市场其竞争也会更加激烈。因此，市场规模不是越大越好，而是要适度。

三是市场竞争者分析。一个具有适度规模和良好潜力的农业市场，如果现实中已形成一家或几家企业独霸天下的局面，那么进入的难度就会很大。在进行市场选择时应选择尚未被控制或未被完全控制的市场。分析竞争对手主要是了解现有竞争对手的数量、经营状况、优势和弱势、竞争策略以及潜在的竞争对手等。

四是自身能力和成本分析。市场行情也许很好，但如果自身能力有限，那么能为你所获得的市场机会就有限。我们要选择“跳一跳，够得到”的市场，这样的市场对我们而言发展前景才会好。与此同时，还要考虑为了获取市场而付出的成本。只有有潜力的发展市场带来的收益大于投入成本时，这才是有效益的市场，才是有前景的市场。

当前，我国农业正处在由传统农业向现代农业转变的时期，农业生产从分散经营向适度规模经营、从追求数量向量质并重、从初级产品生产向精深加工产品生产、从国内市场向国内外市场并重、从“提篮小卖”向现代营销转变。在这些转变过程中存在着许多困难和问题，因此，在农业生产领域中蕴藏着大量的创业“商机”，选择农业创业项目进行创业实践是大有可为的，其成功的可能性也很大，从许多国外农业公司积极挺进我国农业市场就可说明这一点。

五、了解顾客需求

了解顾客需求是做好营销工作的第一步。一般来讲，顾客需求是指顾客的目标、需要、愿望以及期望。市场经济时代，商品日渐丰富，顾客需求也开始变得更加苛刻。商品质量和技术含量会引起顾客关注，顾客对服务的需求不断增加，对服务的品质也要求更高，有的顾客甚至会把社会地位、友情、自尊以及个性化消费作为自己的需求。了解清楚这些，对于开发产品、经营好企业至关重要。

六、深入了解同行

深入了解同行的经营范围、经营模式、购销渠道，有利于我们整体掌握行业发展情况，同行所在的地理范围、经营规模与市场饱和程度都有密切关系，简单地说，知道了谁是我们的同行，我们就对整个行业发展有了整体把握。

俗话说：“同行是冤家”，也是合作伙伴，市场经济就是竞争经济，在市场竞争中了解并熟悉同行的情况至关重要。所谓同行就是在市场上提供与本企业相同或相似产品和服务，且在配置和使用市场资源的过程中与企业有竞争性的企业和个人。一个行业中会存在千千万万的竞争者，我们只需要找准主要竞争对手，而不是所有的竞争对手。如果错误判断了同行，对其优势和劣势没有清楚的认识，就会直接影响决策的方向和目标，最终影响企业事业的成败。

同行主要有以下几种。

（1）提供相同或相似的产品和服务。

（2）具有共同的或者基本重合的市场范围。

（3）具有基本相同的客户。

（4）在具体特定的时间内共同争夺有限资源。

（5）市场份额接近，或近期有潜力接近或超过本企业。

（6）技术实力相近；创新能力强，产品性能或服务质量与本企业相近。

（7）企业规模与本企业相近。

（8）对本企业市场形成现实或潜在的挑战和威胁等。

在找准谁是我们的同行时，还需要了解他们的优势、劣势、发展计划和目标等。这样，可以学习对方的优点和长处，并采取相应的战略对策以免受到攻击，从而更好地发展自己。

七、做好售后服务

售后服务，就是在商品出售以后所提供的各种服务活动。售后服务本身同时也是一种促销手段。售后服务是售后最重要的环节，售后服务的优劣能影响消费者的满意程度。在追踪跟进阶段，推销人员要采取各种形式的配合步骤，通过售后服务来提高企业的信誉，扩大产品的市场占有率，提高推销工作的效率及效益。

1. 售后服务的内容

售后服务的内容主要包括：为消费者安装、调试产品；根据消费者要求，进行有关使用等方面的技术指导；保证维修零配件的供应；负责维修服务，并提供定期维护、定期保养；为消费者提供定期电话回访或上门回访；对产品实行“三包”，即包修、包换、包退；处理消费者来信来访以及电话投诉意见，解答消费者的咨询，同时用各种方式征集消费者对产品质量的意见，并根据情况及时改进。

2. 做好售后服务的要点

（1）耐心聆听。对顾客所说的话要从头到尾耐心地听，尽可能不要打断对方，要知道顾客也需要听众。

（2）听出真意。在与顾客谈话的过程中或者是了解、商讨对策的过程中，要注意去听，听出顾客真正的用意在哪里，看他们有什么不满或者抱怨。

（3）引导顾客出对策。如果有些问题实在没有办法解决，也可以让顾客帮你想出对策。当你用心去为顾客服务，用心关心顾客，顾客会谢谢你，还会做出更大、更好的回馈，为你想出最好的解决问题的对策。

（4）通过服务树立企业形象。在产品同质化日益严重的今天，售后服务作为市场营销的一部分已经成为众厂家和商家争夺消费者的重要领地。良好的售后服务是下一次销售前最好的促销，是提升消费者满意度和忠诚度的主要方式，是树立企业口碑和传播企业形象的重要途径。

（5）提升顾客满意度。售后服务的好坏程度会与顾客的满意程度成正比。售后服务做得好，顾客的满意度自然会不断提高，反之顾客的满意度就会降低，甚至产生极端的不满意。

第三节 把握涉农市场机会

农民要在经营中立于不败之地，就要经常地寻找市场机会。机会是稍纵即逝的东西，它对每一个人来说都是公开的，也就是每一个农民都能发现它，但不能独自占有它。正因为它是公开的，在一定时间内你不利用，别人就会利用，市场被别人抢到了，你也就错过了机会。可见，能从复杂多变的市场环境中找到市场机会，对经营者是非常重要的。这要求我们做好两项工作：一要深入调查，研究了解现状，二要比较准确把握经济发展规律，预测未来。

一、把准农业市场的信息

【经典案例】

有效信息　助您成功

信息林林总总，纷繁庞杂，与农民朋友密切相关的，首先要数市场信息。养猪大户陈刚认为，根据老经验养猪，已经不适应市场，更不要说致富了。要及时了解市场行情，随时调整种养结构，紧跟市场搞种养，才能有钱可赚。

产品质优价才高，想要产品质量好，优良种苗是关键。农民朋友在种养过程中要随时关注名特优新种苗信息，及时进行品种结构调整，以适应需求，争取效益。陈刚本人养猪效益增加，就得益于种苗信息。他过去养殖土种猪，不仅耗费饲料多，而且生长速度慢，每年出栏生猪200头，他看到关于三元杂交瘦肉猪的有关信息后，逐渐淘汰老品种，更换三元杂交瘦肉猪品种，出栏规模增加，效益也随之大增。

有的农民朋友认为，中央和地方各级政府关于农业方面的政策信息与自己离得很远，其实这些却正是农业发展的风向标，农民朋友应充分利用好政策信息资源。

气象信息容易被农民朋友忽视，其实农业生产与气候密切相关，及时了解天气情况，预知中短期天气变化，可以做到早计划、早防范，减少损失。南京市浦口区大桥村蔬菜种植大户杨传明对此深有体会：2008 年农历二月初七，他事先了解到当天有大风，提前将蔬菜大棚的塑料薄膜盖好。而对气象信息不太重视的周边种植户都遭受了不同程度的损失。

在全球经济一体化的浪潮中，竞争已不仅仅限于企业资金、人才、规模，还在于对市场信息的正确判断及把握。创业者尤其要注重收集有价值的创业信息。对信息的正确把握和应用会为创业者争取到更为广阔的发展空间。

（一）比较分析　去伪存真

通过各种途径获得的农业市场信息，开始时都是杂乱无章的，其中还会混杂着一些虚假的、不全面的信息。因此我们首先要对信息的真实程度进行比较分析，去除不可信、不真实的内容。与此同时，还应该注意其时效性和实用性。

那么，如何判断所获信息是否真实可靠呢？我们可以通过各种信息来源渠道和知情人士去打听，也可以亲自考察信息的来源是否可靠。可从该渠道过去提供的信息质量如何，该渠道为你提供信息的动机是什么，该渠道可信度如何等方面分析比较。通过这样的方法，将虚假的信息，或过时无效的、不全面的信息剔除出去，留下真实、可靠、全面的信息。

（二）逆向思考　防止受骗

许多农业市场信息往往是带有诱惑性的，如“包技术、包回收、包利润、签订合同、实行公证”等。表面上“诚实可信，万无一失”，但是，如果反过来一想，如此好的信息，为什么发布信息者自己不做？别人为什么不做？要知道天上不会掉馅饼的，其中必然有陷阱。对于这类信息，千万别盲从，以免上当受骗。

（三）实地考察　亲自感受

有些信息发布单位或皮包公司其实并没有生产或研究场所，他们只是在做一些网上信息、报纸杂志、书本资料等的剪辑、加工和整理。可以要求对方提供真实可查证的、具有说服力的宣传资料给你看。资料应包含文字、图片、企业介绍、效益分析、生产情况等。一般情况下，正规的企业宣传资料印刷精美、图文并茂，分析具体详细；而粗制滥造、内容简单、杂乱无章、图片模糊的企业就值得怀疑。最好是亲自到实地明察或暗访，以求得真实而全面的信息。

（四）抓住商机　果断决策

对于一些真实可靠又全面的信息，如何运用也是值得考虑的一个重要问题。我国幅员辽阔，地区差异较大，各地的供求关系千差万别。同样一条有价值的信息在不同的地区运用很有可能产生不同的效果。在甲地可栽培的果树，在乙地未必能种；乙地可创造的养殖业利润，在丙地也未必能实现。在这些方面要多请教专家、学者和能人，对这些信息进行可行性论证，通过认真仔细考察研究之后才能付诸实施。

（五）有效信息的来源

大部分农民朋友相信政府，认为来自政府的信息比较可靠。的确，政府部门的信息准确性高，权威性强，而且政府部门信息来源广，有整合出优质信息的独特优势。

通过农副产品批发市场了解信息，也是大多数农民朋友所熟知的途径。农副产品批发市场，是农民朋友获取信息的宝库，可以通过中介组织、经纪人、批发商等获取有关信息，指导生产，避免盲目性。

网络打破了时空界限，信息量大、面广、速度快，已逐渐被越来越多的农民朋友接受。从网络上获取信息，将逐渐成为农民获取信息的一个重要的途径。网络信息致富农民的例子不胜枚举。农民张江从网上了解到，随着我国对草原沙漠生态资源管理力度加大，甘草价格将上涨。他从甘肃、内蒙古自治区引进甘草试种，当年获得成功，亩收入近 1 500元。在他的带动下，全镇发展甘草 1 300余亩，形成当地有名的甘草基地。

此外，报刊、电台、电视同样是农民朋友获取信息必须关注的重要途径。

要获取有效信息，需要练就一双“市场眼”。在致富路上，才能少走一些弯路。

二、市场预测

市场预测就是运用科学的方法，对影响市场供求变化的诸因素进行调查研究，分析和预见其发展趋势，掌握市场供求变化的规律，为经营决策提供可靠的依据，减少决策的盲目性，减少未来的不确定性，降低决策可能遇到的风险，使决策目标得以顺利实现。市场环境因素很多，包括政治的、经济的、人文的和技术的等，大到国家制度与政策，小到某个人的性格。对如此繁多的因素要进行筛选，因为有些因素对需求的影响并不大。通常的做法是先将所有影响因素一一列出，然后加以讨论评判，看有关环境因素的依据是否充分，若不充分则将其舍去。例如，多数商品都存在儿童市场，但香烟就不存在儿童市场，因此在分析香烟市场环境时就可将儿童这个因素去掉。

（一）市场预测的内容

1. 市场价格的变化

企业生产中投入品的价格和产品的销售价格直接关系到企业盈利水平。在商品价格的预测中，要充分研究劳动生产率、生产成本、利润的变化，市场供求关系的发展趋势，货币价值和货币流通量变化以及国家经济政策对商品价格的影响。

2. 生产发展及其变化

趋势对生产发展及其变化趋势的预测，是对市场中商品供给量及其变化趋势的预测。

3. 市场容量及变化

市场商品容量是指有一定货币支付能力的需求总量。市场容量及其变化预测可分为生产资料市场预测和消费资料市场预测。生产资料市场容量预测是通过对国民经济发展方向、发展重点的研究，综合分析预测期内行业生产技术、产品结构的调整，预测工业品的需求结构、数量及其变化趋势。消费资料市场容量预测重点有以下 3 个方面。

(1) 消费者购买力预测。预测消费者购买力要做好两个预测：第一，人口数量及变化预测。人口的数量及其发展速度，在很大程度上决定着消费者的消费水平。第二，消费者货币收入和支出的预测。

(2) 预测购买力投向。消费者收入水平的高低决定着消费结构，即消费者的生活消费支出中商品性消费支出与非商品性消费支出的比例。消费结构规律是收入水平越高，非商品性消费支出会增大，如娱乐、消遣、劳务费用支出增加，在商品性支出中，用于饮食费用支出的比重大大降低。另外，还必须充分考虑消费心理对购买力投向的影响。

(3) 预测商品需求的变化及其发展趋势。根据消费者购买力总量和购买力的投向，预测各种商品需求的数量、花色、品种、规格、质量等。

(二) 市场预测的方法

1. 回归预测法

回归是指用于分析、研究一个变量（因变量）与一个或几个其他变量（自变量）之间的依存关系，其目的在于根据一组已知的自变量数据值，来估计或预测因变量的总体均值。在经济预测中，人们把预测对象（经济指标）作为因变量，把那些与预测对象密切相关的影响因素作为自变量。根据二者的历史和现在的统计资料，建立回归模型，经过统计检验后用于预测。回归预测有一个自变量的一元回归预测和多个自变量的多元回归预测。

2. 定性预测和定量预测

对于企业营销管理人员来说，应该了解和掌握这两种预测方法。

（1）定性预测法。定性预测法也称为直观判断法，是市场预测中经常使用的方法。定性预测主要依靠预测人员所掌握的信息、经验和综合判断能力，预测市场未来的状况和发展趋势。这类预测方法简单易行，特别适用于那些难以获取全面的资料进行统计分析的问题。因此，定性预测方法在市场预测中得到广泛的应用。定性预测方法又包括专家会议法、德尔菲法、销售人员意见汇集法、顾客需求意向调查法等。

（2）定量预测法。定量预测是利用比较完备的历史资料，运用数学模型和计量方法，来预测未来的市场需求。定量预测基本上分为两类，一类是时间序列模式，另一类是因果关系模式。

3. 时间序列预测法

在市场预测中，经常遇到一系列依时间变化的经济指标，如企业某产品按年（季）的销售量、消费者历年收入、购买力增长统计值等，这些按时间先后排列起来的一组数据称为时间序列。依时间序列进行预测的方法称为时间序列预测。

（三）市场预测的类型

1. 按预测的时间跨度分

可以分为短期预测、近期预测、中期预测和长期预测。

短期预测，是根据市场上需求变化的现实情况，以旬、周为时间单位，预计一个季度内的需求量（销售量）。近期预测，主要是根据历史资料和当前的市场变化，以月为时间单位测算出年度的市场需求量。中期预测，是指 3 ~ 5 年的预测，一般是对经济、技术、政治、社会等影响市场长期发展的因素，经过深入调查分析后，所做出的未来市场发展趋势的预测，为编制3~5年计划提供科学依据。长期预测，一般是5年以上的预测，是为制定经济发展的长期规划预测市场发展趋势，为综合平衡、统筹安排长期的产供销比例提供依据。

2. 按预测的空间范围分

按地理空间范围分，分为国内预测和国际市场预测；按经济活动的空间范围分，可分为宏观的市场预测和微观的市场预测。

【知识点】

农民如何发现市场机会

第一，对市场环境进行分析，找出可能存在的市场机会。假如要开拓一种新食品，首先要对食品市场和人们生活方式及水平进行调查，看一看解决了温饱后的消费者想吃哪种类型的食品，是甜的、酸的、方便的，还是无公害的。经彻查发现目前人们的健康意识增强了，收入水平提高了，人们对保健食品的需求会不断提高。因而发现了保健食品是一种市场机会。

第二，确定市场机会所具备的成功条件有哪些。前面分析而定的市场机会要真正变成可以利用的机会，还需要一定的条件。例如，我们确认保健食品是一种市场机会，这一市场机会的成功条件包括①原料；②特定的自然气候和地理条件；③有生产加工技术；④有足够的资金投入；⑤足够的厂房设备；⑥高素质的人才；⑦生产者在市场上有信誉。

第三，分析自己在该市场机会上所拥有的优势。对照市场机会成功的条件，分析自己本身的能力，如果所需条件不能全部具备，则说明该市场机会不能为自己所利用。如果条件具备，则说明该市场机会可以被自己利用，此时应转入下一步的工作。

第四，将自己拥有的竞争优势同潜在竞争对手所拥有的竞争优势相比较，以确定自己在这一市场机会上是否拥有差别利益，以及这种差别利益的大小。如果能肯定拥有这种差别利益并足够大，则说明该市场机会是可以利用的。还以保健食品为例，如果你自己与其他生产者比较，你从事该项目的生产，每斤（1 斤 = 0.5 千克，全书同）食品能多赚0.5元或更多，则你就敢肯定自己可以从事保健食品生产。如果人家每斤食品比你多赚0.5元或更多，说明你生产该食品是不利的，自然就不是一个很好的项目。

第五，对市场机会进一步分析，决定到底进入哪种市场。市场是一个庞大整体，任何一种产品或劳务都不可能满足所有顾客的需要，因此当抓住市场机会之后，还要决定到底自己进入市场的哪个部分。比如保健食品市场，有城市与乡村之分，有大城市与小城市之分，有儿童市场与老年市场之分等。这就要具体决定进入哪个市场，是生产儿童保健食品，还是生产老年保健食品。只有这样，才能充分发挥自己的优势，开拓新市场一举成功，如果不进行这种细分，就会导致眉毛胡子一把抓，弄不好还会“竹篮打水一场空”。

最后，还要提醒的是，在分析市场机会时应该小心从事，不能轻率，要避免犯下述两类错误：一是错误地认为市场机会没有发展前途，而不将其作为经营机会看待，从而失掉一个广阔市场；二是过高估计了自己的优势，而将自己不能享有最大差别收益的市场作为自己的机会看待。这两种错误都是极容易犯的，所以要求经营者一定要分析问题周详，决定问题谨慎。

第四节　选择创业项目

一、分析创业环境

（一）外部环境分析的内容

(1) 产业环境。首先，对于一个特定的企业来说，它总是存在于某一产业（行业）环境之内，这个产业环境直接地影响企业的生产经营活动。所以第一类外部环境是产业环境，它是企业微观的外部环境。例如，市场环境分析，包括产品市场需求分析、产品市场供给分析、产品市场价格分析、项目投入物市场分析、项目产品分析、市场行为分析、市场空间范围分析；信息技术环境分析，包括信息意识、信息获取成本、信息实用性、信息服务水平等。

（2）宏观环境。第二类外部环境因素间接地或潜在地对企业发生作用和影响，将这第二类外部环境称为企业的宏观外部环境。一般说来，宏观外部环境包括下面一些因素或力量，它们是政治——法律因素和经济因素，社会——人文因素和技术因素。例如，制度环境分析，除了分析国家的政治制度、市场经济制度、利益分配制度、社会保障制度这些正式制度外，还包括分析意识形态和传统文化这些非正式制度；政策环境分析，包括税收财政政策分析、产业政策分析、用地政策分析；文化环境分析，包括价值观念、理想情操、社会结构、家庭结构、人口素质、民俗民风、态度取向、生活方式等；资源环境分析，包括资源的特点和优势分析、资源与项目适应性分析、生产潜力与资源承载力估计。各个企业均要受到政治、经济、社会和技术等宏观环境的影响。当然，这些因素和力量都是相互联系、相互影响的。

（二）内部环境分析的内容

（1）资本规模。有多少资金，适宜开创哪类市场（项目）。

（2）技术条件。关键技术的掌握程度、成本控制技巧、营销手段。

（3）组织管理能力。组织协调能力、用人能力、经营管理能力。

（4）自身素质。心理素质、身体素质、知识素质、能力素质、人际关系。

通过对自身所处的内外环境进行充分认识和评价，可以明确自身发展的优势和劣势，以便发现市场机会和威胁。

二、选择易成功的创业项目

做生意如何选择项目是决定成功与否的重要环节，对获取的信息要善于分析，没有经过实地考察和对现有用户经营情况进行了解的，千万不要轻易投资。重考察，一要看信息发布者的公司实力和信誉，最好向当地工商管理等部门了解情况；二要看项目成熟度，有无设备，服务情况如何，能不能马上生产上市等；三要看目前此项目的实际实施者在全国有多少，经营情况如何等。项目选择的好，就成功了一半。

（一）要选择适合自己的项目

俗话说“隔行如隔山”，应尽量选择与自己的专业、经验、兴趣、特长能挂得上钩的项目。

（二）慎重选择热门项目

选择项目不要人云亦云，如果挑一些目前最流行的行业，没有经过任何评估，就一头栽入，往往会以失败告终。要知道，这些行业往往市场已饱和，就算还有一点空间，利润也不如早期大。趁热投资的小本经营者不是面对一个同行业的市场巨人，就是收拾人家已无油水的残羹剩饭。

（三）要选择有良好市场前景的项目

所发展项目要有直观的利润。有些产品需求很大，但成本高、利润低，忙活一阵只赚个吆喝的大有人在。产品的市场支持力、市场容量及自身接受能力对创业者来讲至关重要，要多考察当地市场，看看所选项目是否在当地有需求及靠自己的能力是否可以进入市场等。

（四）要选择具有独特资源优势的项目

靠山吃山，靠水吃水，创业者如果能慧眼独具，发掘自己身边特有的资源进行投资开发，往往容易成功。

（五）选择投资少、风险小的项目

当你瞄准某个项目时最好适量介入，以较少的投资来了解认识市场，等到自认为有把握时，再大量投入，放手一搏。不要嫌投入太少而利润小。“船小好调头”，即使出现失误，也有挽回的机会。

（六）要做到三个“万万不可”

在项目实施过程中，万万不可先交钱后办事，不要把自己的辛苦钱，仅凭一纸合同或协议，就轻易付给对方；万万不可轻信对方的许诺，在签订合同时就应留一手，以防止对方有意违约给自己带来损失，万万不可求富心切，专门挑选看上去轻而易举就赚大钱的项目去干，越具有诱惑力的项目，往往风险也越大。

（七）选择薄利多销不压货的项目

薄利多销，是一种很好的低价位定价策略，“三分毛利吃饱，七分毛利饿死人”的说法，就是对薄利多销的一种形象比喻。一般人赚钱，只图眼前利益，往往在一次性购买上死要价钱，结果因价格昂贵，而生意做死了。薄利，并不是要真的减少你的总利润。而是把眼前和长远结合到了一起，把点和面结合到了一起，它以薄利为手段，来增加销售，以多销售，可从总体上获得多利。通俗地说，1 个萝卜卖 10 元钱给人家，你也发不了财。而你 1 个萝卜只赚 1 分钱，10 万个萝卜就能赚不少钱了，何况市场竞争日益激烈，不同的商家，不同的渠道，竞争优势各有不同。别为了一点蝇头小利，而把市场堵死了。要像老鼠拖葫芦那样，大的积累在后头。

三、警惕项目投资陷阱

信息时代，报刊广告、信函广告、张贴广告铺天盖地，鱼目混珠，真假难分。当农民选择致富项目时，必须三思而后行，千万别掉进创业致富路上的“陷阱”里。

（一）假联营加工，真卖设备

某些厂家在报刊刊登所谓免费供料、寻求联营加工手套或服装的广告，称只要购买他们的加工机械，交押金后可免费领料加工，厂方负责回收，你就可获得高额的加工费。结果并非如此，当你购买了他们的机械，交押金领料加工完产品送交时，厂方就会以不合格拒收，或厂家搬到异地他乡，不知去向，使你血本无归。

（二）融资诈骗

对创业者来说，除了要对投资公司的背景进行全面调查，还需要保持警惕的心态，特别是对各种付款要求，多问几个为什么，必要时可用法律合同来保障自己的利益。

（三）骗取保证金

翻看各种报刊以及信函广告，诸如电话防盗器、节能灯、书写收音两用笔等广告很多，广告称只要交保证金，就可免费领料组装，回收产品，让你获得丰厚的组装费。这类广告可疑性较大。当你交付保证金领料组装完产品送交时，此广告主常以组装不合格为由拒收，目的是骗你几千元的保证金。

（四）合同玩你没商量

某些广告谎称收藏古钱可致富，照他们的资料收藏古钱，再送到古钱币交易市场出售，就能成为富翁，这是一个铺满鲜花的陷阱，实际上并非如此。全国各地古钱币市场很少有收购古钱币的，一般只出售古钱市。即使收购，也没有资料上所标的那么高的价格。

一些农民信息不灵，想通过特种养殖寻找致富捷径。而不法广告主正是利用这种心理，以签订合同、法律公证、高价回收为幌子，将一些当前尚未形成市场的动，物品种四处倾销，见机携款潜逃，使合同变为废纸。

（五）网络诈骗

一些不法分子利用高科技手段移花接木，借用正规企业的名号行骗。其实网络只是交易的一种媒介，通过网络获得商业信息后，必须进行网下的考察。特别是业务量大的单子，高利润的项目往往风险也相对较高，创业者更要小心谨慎，亲自走访是非常必要的，不能仅是坐在家中敲敲键盘。有条件的话，可请投资、法律方面的专家把关。

（六）专利技术行骗

有些单位或个人为了骗取所谓的技术转让费，专门提供一些成熟、虚假、无实用价值的技术，并称已获专利，专利号为××。一些农民向某单位推销洗衣粉，可结果产品始终无法达到广告宣称的标准。难怪一些权威人士称，按某些技术资料土法生产出来的产品绝大多数为伪劣产品。如按其提供的专利号到专利局查询，就会发现多属子虚乌有。

有的广告主利用农民求新异、求高产的心理，出售一些未经审（认）定的农作物品种。其所谓的“超高产”“新特优”都是售种者自定的“名牌”。还有的将众所周知的一般品种改换一个全新的名字，迷惑引种者。

（七）宣传夸大投资回报

不少人打着××药材研究所、××药材厂的招牌，为销售种子种苗，将一些价格下滑的品种在广告中肆意吹嘘；有的将一些对环境及栽培技术有较严格要求的品种，一律说成南北皆宜，易于管理；还有的打着“联营”“回收”等幌子骗人。

（八）非法传销

传销实际上是有组织的犯罪活动，利用参与者对组织者宣称的“一夜暴富”理念产生兴趣，或被传销头目提出的“平等”“关爱”等虚拟的东西所迷惑。

【案例】

农民网上创业成功案例

原本在四川电力公司工作的吴剑波，放弃了每月上千元的稳定收入，回到自己的农村老家开起了网店，做起了网上代理销售。吴剑波告诉记者，没出过大山的父母，对网络这种虚拟化的新事物难免不理解，“房间里没有产品，只有几台电脑，这样也能赚钱，让他们觉得不可思议”。

虽然遭到了反对，吴剑波依然坚持着自己的选择。“反正在外面也是打工，还不如趁年轻回家创业”吴剑波说，他扮演的是中间商的角色，帮助企业联系生产基地、找到理想货源，靠收取中介费盈利，“现在，我在网上已经开了12家分店，拿到了12家企业的代理权，今年收入大概在12万元左右”。

吴剑波开网店致富的消息不胫而走，当地一些农村青年纷纷向他“拜师学艺”，尝试在网上创业。“开了网店，卖些专业修理件，现在我一月也可以赚1 000多元。”月山村的机车修理工吴发，已经师从吴剑波一个多月，过去从没摸过鼠标键盘的他，为了开网店专门买来电脑，很快就掌握了上网经营的窍门，收入也随之翻番。举水乡照田村的吴星也辞去了在庆元县城的工作，回到家乡开始了网上创业，“现在我每月的收入是原来的好几倍，还认识了一批志同道合的朋友，我觉得网上创业很有前途!”

据了解，目前他们家乡已经有20多位青年农民开设了10多家网店。“我们打算组建一个庆元农村青年网络合作社，把村里的山货销往全国各地，带动村民增收。”吴剑波自豪地说。

【案例分析】

及时了解当前的热门行业和消费者的消费习惯是成功创业的基础。

模块四　创业形式与路径

发展多种形式的农业适度规模经营是农业现代化的必由之路。国家鼓励开展以农户家庭经营为基础、合作与联合为纽带、社会化服务为支撑的立体式、复合型现代农业经营，提高农业经营集约化、规模化、组织化、社会化、产业化水平。

第一节　农业创业基本形式

一、农民合作社

《中华人民共和国农民专业合作社法》已于2007年7月1日实施，要认真学习、遵照执行。

农民合作社是在农村家庭承包经营基础上，同类农产品的生产经营者或者同类农业生产经营服务的提供者、利用者，自愿联合、民主管理的互助性经济组织。

农民合作社以其成员为主要服务对象，提供农业生产资料的购买，农产品的销售、加工、运输、贮藏以及与农业生产经营有关的技术、信息等服务。

设立农民合作社，应当向工商行政管理部门提交下列文件，申请设立登记。

(1) 登记申请书。

(2) 全体设立人签名、盖章的设立大会纪要。

(3) 全体设立人签名、盖章的章程。

（4）法定代表人、理事的任职文件及身份证明。

（5）出资成员签名、盖章的出资清单。

（6）住所使用证明。

（7）法律、行政法规规定的其他文件。

【知识链接】

农民合作社基本特征

（1）成员以农民为主体。

（2）以服务成员为宗旨，谋求全体成员的共同利益。

（3）入社自愿、退社自由。

（4）成员地位平等，实行民主管理。

（5）盈余主要按照成员与农民专业合作社的交易量（额）比例返还。

二、家庭农场

家庭农场是指以家庭成员为主要劳动力，从事农业规模化、集约化、商品化生产经营，并以农业收入为家庭主要收入来源的新型农业经营主体。

家庭农场的基本特征主要有以下 3 个方面。

一是家庭农场经营者主要是农民或其他长期从事农业生产的人员，主要依靠家庭成员而不是依靠雇工从事生产经营活动。

二是家庭农场专门从事农业，主要进行种养业专业化生产，经营者大都接受过农业教育或技能培训，经营管理水平较高，示范带动能力较强，具有较强的农产品生产能力。

三是家庭农场经营规模适度，种养规模与家庭成员的劳动生产能力和经营管理能力相适应，符合当地确定的规模经营标准，收入水平能与当地城镇居民相当。

【知识链接】

家庭农场的经营管理

融合生态循环理念，生产优质安全的精品农产品。只有生产出优质安全的精品农产品，才会增加产品附加值，形成农场品牌的形象基础。如果不做精品农产品，只做表面文章就很容易陷入信誉危机。

树立“农游合一、销售绿色”的经营理念。在做好农场产品的基础上，根据经营策略，适当增强参与性和知识趣味性以便吸引更多的游客。比如亲手收获绿色农产品，亲自喂养活泼可爱的小动物，亲自垂钓，现场做成菜等。

营造生态、文化环境，让顾客能参与其中，体验内容。让生态体验和文化体验紧密结合，以满足顾客远离原生态的自然环境后产生的越来越渴望亲近自然的诉求。

搞好配套设施建设，营造良好的休闲体验大环境。提高农场的通达性，给出周末和节假日到农场的交通线路，并将农场周边的景区及特色农场进行标注介绍，为顾客出游提供方便；创建舒适、亲切、自然的服务环境；加强治安和卫生管理，提高从业人员的综合素质，营造“山美水美人更美”的农场旅游大环境。

农业部关于促进家庭农场发展的指导意见以及各地关于家庭农场的认定标准。

三、个体工商户

根据《中华人民共和国民法通则》第二十六条规定，公民在法律允许的范围内，依法经核准登记，从事工商业经营的，为个体工商户。

个体工商户是在法律允许的范围之内，依法经核准登记，从事工商业经营的自然人。

【知识链接】

个体工商户特征

（1）个体工商户是从事工商业经营的自然人或家庭。自然人或以个人为单位，或以家庭为单位从事工商业经营，均为个体工商户。根据法律有关政策，可以申请个体工商户经营的主要是城镇待业青年、社会闲散人员和农村村民。国家机关干部、企事业单位职工，不能申请从事个体工商业经营。

（2）自然人从事个体工商业经营必须依法核准登记。个体工商户的登记机关是县以上工商行政管理机关。个体工商户经核准登记，取得营业执照后，才可以开始经营。个体工商户转业、合并、变更登记事项或歇业，也应办理登记手续。

（3）个体工商户只能经营法律、政策允许个体经营的行业。

四、农村承包经营户

所谓农村承包经营户，是指农村集体经济组织的成员，在法律允许的范围内按照承包合同规定从事商品经营。

【知识链接】

农村承包经营户的法律地位

（1）农村承包经营户具有经济组织所享有的全部权利，独立承担其全部义务。

（2）农村承包经营户在其合同财产范围内，享有对土地、山林、水面、滩涂等生产资料的生产经营权等各项权利。

（3）农村承包经营户民事主体法律地位，是自签订农业承包合同时产生的，农村承包经营户是与发包方（集体经济组织、村民委员会）具有平等权利义务关系的民事主体。

（4）农村承包经营户具有一定的从属性，即从属于发包主（集体经济组织、村委会）。

五、农业企业

农业企业是指从事农、林、牧、副、渔业等生产经营活动，具有较高的商品率，实行自主经营、独立经济核算的营利性经济组织。

1. 个人独资企业

个人独资企业是指依照《中华人民共和国个人独资企业法》在中国境内设立的，由一个自然人投资，财产为投资人个人所有，投资人以其个人财产对企业的债务承担无限责任的经营实体。

【知识链接】

个人独资企业应具备的条件

（1）投资人为一个自然人。

（2）有合法的企业名称。

（3）有投资人申报的出资。

（4）有固定的生产经营场所和必要的生产经营条件。

（5）有必要的从业人员。

2. 合伙企业

合伙企业，是指自然人、法人和其他组织依照《中华人民共和国合伙企业法》，在中国境内设立的普通合伙企业和有限合伙企业。

普通合伙企业由普通合伙人组成，合伙人对合伙企业债务承担无限连带责任。有限合伙企业由普通合伙人和有限合伙人组成，普通合伙人对合伙企业债务承担无限连带责任，有限合伙人以其认缴的出资额为限对合伙企业债务承担责任。

合伙协议依法由全体合伙人协商一致、以书面形式订立。订立合伙协议、设立合伙企业，应当遵循自愿、平等、公平、诚实信用原则。

合伙企业的生产经营所得和其他所得，按照国家有关税收规定，由合伙人分别缴纳所得税。

【知识链接】

设立普通合伙企业应具备的条件

（1）有两个以上合伙人。合伙人为自然人的，应当具有完全民事行为能力。

（2）有书面合伙协议。

（3）有合伙人认缴或者实际缴付的出资。

（4）有合伙企业的名称和生产经营场所。

（5）法律、行政法规规定的其他条件。

3. 有限责任公司

有限责任公司是指依据公司法由全体股东共同出资设立的，每个股东以其出资额为限对公司承担责任，公司以其全部资产对公司债务承担责任的企业法人。

有限责任公司的特征如下。

（1）有限责任公司股东的人数有一定的限制，必须是50人以下。

（2）股东以各自的出资额为限对公司承担有限财产责任。

（3）有限责任公司不公开募集资本。

（4）公司的规模可大可小，适应性强。

（5）公司的设立程序简单，组织机构灵活。

【知识链接】

有限责任公司设立条件

(1) 股东人数符合法定人数。

(2) 股东出资达到法定资本最低额3万元。

(3) 股东共同制定公司章程。

(4) 有公司名称，建立符合有限责任公司要求的组织机构。

(5) 有公司住所。

第二节　农业创业路径

一、创业模式

(一) 合作创业

合作创业是指两个或两个以上创业者合作进行创业。合作创业的方式很多，有资金上的合作创业，有资源上的合作创业，还有技术上的合作创业。如果缺乏资金，那就要找一个能够提供充裕资金的合作对象；如果缺乏某种稀缺资源，那就要找一个拥有相应资源的人进行合作；如果既没有资金，又缺乏相关的资源，但是又想把自己所拥有的技术市场化、产业化，就可以选择技术合作创业的方式。要根据自身的实际情况，然后再决定采取哪一种合作创业方式。

国家鼓励农民通过合作与联合的方式发展规模种养业、农产品加工业和农村服务业。农民可以土地经营权入股农民合作社、农业产业化龙头企业方式，分享产业链增值收益。

【知识链接】

选择合作伙伴的六个思考

一要思考是否志同道合。如果大家志向都不统一，就很难在公司运作后，一起面对困难，一起解决问题，也就连合作的基础都没了。

二要思考目标是否一致。很多人看似目标一致，但因个人出发点不一样，理解也不一样，可能说的都是一件事，但却是两个不同的理解，这样很容易造成双方的误会和不和谐。

三要思考是否可以独立思考和判断处理问题。很多合伙人自己没有判断能力，往往公司有事后，会受到家里人或朋友的影响，以至于影响合伙人的判断。

四要思考是否相互信任。信任是基础，在开公司后，会有很多事影响到信任。所以，有强有力的信任做基础，通过沟通可以解决很多问题；如果没有信任，可能连沟通都不存在。

五要思考资源、性格、专业是否互补。如果互补，1+1就会大于2。

六要思考分工是否明确。一定要明确自己的工作职责，公司股东是股东、私下朋友是朋友，但公司职责就是公司职责，如果这点不明确，公司运作后就会出现严重内耗，影响公司发展。

（二）独立创业

独立创业是指创业者个人独自进行创业，独立担负企业的全部责任。

独立创业的特点有以下3点。

（1）创业人员单一。唯一的创业者就是老板，既没有人来分担他的责任，也没有人来分享他的利益。

（2）权利义务统一。责权利是高度统一的，创业者为自身的活动负完全的责任，为实现自己的创业理想做出不懈的努力，积极履行各种义务，与之相应的是在企业拥有充分的权利，获得最大值的企业利益。

（3）经营决策独立。独立创业的创业人员单一、权利和义务统一，决定了创业者行为自由度很高，不受影响和限制，因而在创业过程中能够保持最大限度的自主性。

（三）经销代理

经销一般是指经销商与生产厂家或供货商达成协议，在规定的期限和地域内购销指定的商品。供货商和经销商之间是一种买卖关系。从法律关系上讲，供货商和经销商之间是本人对本人的关系，经销商是以自己的名义购进货物，在规定的区域内转售时，也是以自己的名义进行，货价涨落等经营风险要由经销商自己承担。

经销可以分为一般经销与独家经销。在独家经销情形下，一般会规定经销商最低交易数量、不得经销相竞争的其他供货商产品等。

代销的本义是代理销售，其本质是代理，是指被代理人或委托人授予代理商以“销售商品的代理权”，在销售代理权限内代理商代理委托人搜集订单、销售以及办理销售有关事务。代销与经销在合同关系的连续性和长期性、销售区域的固定性、交易量限制、对不正当竞争的限制等方面均有相同之处，所以在实际业务中，有的人会错误地将代理与经销混为一谈。

【知识链接】

代销与经销的主要区别

（1）代销的双方是一种代理关系，而经销双方则是一种买卖关系。

（2）代销是以委托人即厂商的名义销售，签订销售合同，而经销商则以自己的名义从事销售。

（3）代销商的收入是佣金收入，而经销商的收入则是商品买卖的差价收入。

（4）从法律关系上讲，代销行为即委托人行为，代销商与第三人之间在授权范围内发生的民事行为的法律后果归于委托人（供货商），而经销商与用户之间发生的民事行为的法律后果须由其自己承担。

（四）承包经营

承包经营是指农村集体组织、农村承包经营户依照承包合同的规定，对集体所有或国家所有由集体使用的土地、山岭、草原、荒地、滩涂、水面等资源所享有的占有、使用和收益。

国家鼓励农户依法采取转包、出租、互换、转让、入股等方式流转承包地。有条件的地方在坚持农地农用和坚决防止“非农化”的前提下，可以根据农民意愿统一连片整理耕地，尽量减少田埂，扩大耕地面积，提高机械化作业水平。在坚持农村土地集体所有和充分尊重农民意愿的基础上，在农村改革试验区稳妥开展农户承包地有偿退出试点，引导有稳定非农就业收入、长期在城镇居住生活的农户自愿退出土地承包经营权。

（五）特许加盟

加盟创业是采用加盟的方式进行创业，一般的方式是加盟开店。也就是说，是加盟商（受许人）与连锁总部（特许人）之间的一种契约关系。根据契约，连锁总部向加盟商提供一种独特的商业经营特许权，并给予人员训练、组织结构、经营管理、商品采购等方面的指导和帮助，加盟商向连锁总部支付相应的费用。加盟创业选择合适、可靠的品牌，可保障加盟店稳步发展、持续盈利。

特许加盟的六大优势：一是降低创业风险，走成功的捷径；二是可以得到系统的管理训练和营业帮助；三是可以降低成本，保证货源；四是可以使用驰名的商标或服务；五是用最少的广告费，达到最好的宣传效果；六是使用高技术使加盟商获得更广泛的信息来源。

二、特许加盟渐现的模式

（一）长线型

长线经营项目成资本新宠。

投资建议：“认同企业文化”是企业对投资者的一致要求。在品牌方看来，加盟这样一家店不仅需要加盟者对企业和行业的认识，更需要加盟者对这项事业充满热情，避免在经营过程中对品牌的美誉度造成伤害。

（二）快速型

低门槛特色小吃受追捧。

投资建议：加盟意向者不能只关注回报期短，还要参考企业的知名度大小、有无特色产品、总部支持是否到位等。最关键的是，加盟者需要了解直营店和加盟店的效益，如果相差悬殊，则应放弃加盟。

（三）稳健型

稳健项目可作为工作机会。

投资建议：一般来说，知名品牌的加盟费用较高，也有些非知名品牌标榜着各种噱头，向加盟者开高价。加盟者一定要擦亮眼睛，在有限的资金内找到品牌含金量相对较高、投资额适中、后期支持过硬的企业加盟。

（四）创业型

应届生看好创业型品牌。

投资建议：企业的招工难和应届毕业生的找工作难已成为难以调和的矛盾，因此，有一部分应届毕业生开始抛开找工作的烦恼自己创业。但对于缺乏社会经验的大学生而言，自己创立品牌并不容易，因此选择加盟就成了较为稳妥的折中选择。

（五）潜力型

服务业成潜力股。

投资建议：加盟服务业的加盟费、装修费和品牌使用费等启动资金较高，员工工资也要高出零售业和餐饮业。此外，行业的变化和创新速度也较快。因此需要加盟者有一定的经济基础，还要有“不怕折腾”的精神。加盟者需要注意加盟总部在快速扩张的同时是否能够保障人才的培养和保留。

（六）多元型

多种加盟规格聚人气。

投资建议：这类企业对不同经济水平的加盟者来说比较“通吃”，也适合加盟者循序渐进。从创业到做大做强，都有相应的成熟模式做范本，为其保驾护航。不同规格的店铺所针对的消费者是有很大差异的。除了考虑自己的投资能力外，加盟者也需要对所要开门店附近的消费人群进行充分调查，从而确定哪种规格的店铺更合适，以免做无用功。

（七）电子商务

电子商务是以信息网络技术为手段，以商品交换为中心的商务活动；也可以理解为在互联网、企业内部网和增值网上以电子交易方式进行交易活动和相关服务的活动，是传统商业活动各环节的电子化、网络化、信息化。

农村电子商务服务包含网上农贸市场、数字农家乐、特色旅游、特色经济和招商引资等内容。

（1）网上农贸市场。迅速传递农林牧渔业供求信息，帮助外商出入属地市场和属地农民开拓国内市场、走向国际市场；进行农产品市场行情和动态快递、商业机会撮合、产品信息发布等。

（2）数字农家乐。通过运用地理信息系统技术，制作当地农家乐分布情况的电子地图，同时采集农家乐基本信息，使其风景、饮食、娱乐等各方面的特色尽在其中，一目了然。

（3）特色旅游。依托当地旅游资源，通过宣传推介来扩大对外知名度和影响力，从而全方位介绍属地旅游线路和旅游特色产品及企业等信息，发展属地旅游经济。

（4）特色经济。通过宣传、介绍各个地区的特色经济、特色产业和相关的名优企业、产品等，扩大产品销售通路，加快地区特色经济、名优企业的迅猛发展。

（5）招商引资。搭建各级政府部门招商引资平台，介绍政府规划发展的开发区、生产基地、投资环境和招商信息，更好地吸引投资者到各地区进行投资生产经营活动。

第三节　利用国家惠农政策

一、农业专项资金

农业专项资金是指由地方本级财政预算内外安排，上级财政和主管部门拨入，国内外银行贷款、国际金融机构援贷项目投入，以及农业有关职能部门专门用于发展农业生产、繁荣农村经济、提高农民收入的各项资金，主要包括农业发展基金、林业资金、农业开发资金、农业科技推广资金、支农周转金、扶贫资金、水利建设资金和援贷款项目资金等。

近几年，我国中央和地方政府开列的农业专项资金众多，且根据年度农业生产发展形势，不断进行调整和优化。主要包括以下几种类型：种养业良种体系建设资金、新型农民科技培训资金、农业科技创新与应用体系建设资金、农产品质量安全体系建设资金、农业信息与农产品市场体系建设资金、农业资源与生态环境保护体系建设资金、农业社会化服务与管理体系建设资金、粮食综合生产能力增强行动资金、健康养殖业推进行动资金、重大动物疫病防控行动资金、疫病虫害防治补助资金等。

农业专项资金种类繁多，且每年都会有变化。在创业过程中，农业创业者要根据创业项目的类型，及时关注国家和地方政府的农业专项资金政策，争取得到专项资金的支持。

二、农业补贴政策

近年来，我国实施了“四补贴”等支农惠农政策，切实减轻了农民负担。农业创业者可以充分利用好农业补贴政策，解决创业之初的资金问题。

（1）粮食直接补贴。粮食直接补贴是为了进一步促进粮食生产、保护粮食综合生产能力、调动农民种粮积极性和增加农民收入，国家财政按一定的补贴标准和粮食实际种植面积，直接由中央财政从粮食风险基金中拿钱、对农户直接给予的补贴。

（2）种粮农民农资综合补贴。种粮农民农资综合补贴是政府对种粮农民购买农业生产资料（包括化肥、柴油、种子、农机）实行的一种直接补贴制度。在综合考虑农民种粮成本、收益等变化因素对农民种粮增支的影响下，通过农资综合直补及各种补贴，来保证农民种粮收益的相对稳定，调动农民种粮的积极性，促进粮食增产，保证国家粮食安全。

（3）农作物良种补贴。农作物良种补贴指国家通过建立良种推广示范区，对农民选用农作物良种并配套使用良法技术进行的资金补贴，目的是支持农民积极使用优良作物种子，提高良种覆盖率，增加农产品产量，改善产品品质，推进农业区域化布局、规模化种植、标准化管理、产业化经营。

（4）农机具购置补贴。农机具购置补贴是中央财政和地方财政针对农民和农业生产经营组织购买国家支持推广的先进实用的农业机械给予的补贴，是为促进农业增产增效、农民节本增收而设立的专项资金，目的是推进农业机械化进程，提高农业综合生产能力。

【知识链接】

国家将对农业补贴政策进行重大改革

目前，我国全国性的农业补贴项目有50多种，在未来的农业补贴政策改革中，将按照提高农业补贴政策效能的整体目标、从普惠式向精准化转变的改革方向，对绝大部分的农业补贴政策做出大力度的调整。整个农业补贴改革将向种粮大户倾斜、向规模经营倾斜、向家庭农场和农民合作社等新型农业经营主体倾斜，大的目标还是以保障国家粮食安全为主；对于新的改革中可能出现的矛盾和问题，将会在继续探索新型农业补贴措施的基础上，加强政策的针对性和有效性，重点解决损害国家和农民利益的主要矛盾和关键问题。

三、农业保险政策

农业保险政策实际上就是政策性农业保险，是以保险公司市场化经营为依托，政府通过保费补贴等政策扶持，对种植业、养殖业因遭受自然灾害和意外事故造成的经济损失提供的直接物化成本保险。政策性农业保险将财政手段与市场机制相对接，创新了政府救灾方式，提高了财政资金使用效益，分散了农业风险，促进了农民收入可持续增长。

农业保险为先天脆弱的农业生产撑起了一把“保护伞”，有效缓解了受灾企业恢复生产的资金压力。农业创业者要首先意识到农业创业受到自然因素这一不可抗力影响，具有一定的不可预测性和风险性，要使自己的创业项目处于农业保险的保障中，积极为创业项目保险，戴上安全帽。

【知识链接】

政策性农业保险与商业性农业保险的五大不同

一是经营目的不同。政策性农业保险制度是依据政策目标或服从特定的政策规划建立的，而商业性农业保险制度是依据市场或商业目标建立的；政策性农业保险的经营不以盈利为目的，而商业性农业保险的经营则是以盈利为目的。

二是发展动力不同。政策性农业保险一般是由政府直接组织经营，或由政府成立的专门机构经营，或在政府财政政策支持下，由保险社（保险公司、保险合作社）经营，而商业性农业保险一般由商业保险公司经营；政策性农业保险产品要部分由政府财政补贴保费，而商业性农业保险产品则完全由投保人自己交纳保费。

三是盈利能力不同。政策性农业保险经营的项目或出售的保险产品其保险责任较广泛且保险标的的损失概率较大，从而赔付率较高，难以盈利；而商业性农业保险经营的项目或出售的保险产品其保险责任较窄，保险标的的损失概率较小，正常情况下盈利能力较强。

四是外部性不同。政策性农业保险具有明显的外部性，可以增进社会福利；而商业性农业保险外部性不明显。

五是强制程度不同。政策性农业保险通常需要事实上的或者有条件的强制，往往通过有关法律法规，将参与农业保险与其他农业优惠政策相联系，从而使政策性农业保险制度具有某种强制性；而商业性农业保险一般是自愿投保，不具有任何强制性。

四、金融支农政策

随着农业现代化进程的加快，种养大户、家庭农场、合作社等规模化、集约化新型农业经营主体的快速发展，商品化生产和产业化经营的特点日益凸显，无论是固定资产投入，还是流动资金需求，农业农村经济发展对金融资本更加依赖，"贷款难""贷款贵"的老大难问题已经到了非解决不可的地步。

李克强总理明确指出，"加强金融对'三农'的支持，对于强化粮食安全保障、建设现代农业、增加农民收入、缩小城乡差距，具有重要意义。"金融政策不但能够放大财政资金效应，更好地满足现代农业发展的资金需求，更有意义的是，与单纯的财政直接补助不同，运用金融资本支持农业生产，有利于实行市场化运作和农民自主选择，促进农民树立市场意识、风险意识和信用意识，激发农业经营主体的内在活力，提升市场竞争力。同时，也可以减少政府的直接干预，理清政府与市场的关系，更好地兼顾公平与效率。

国务院发布的《推进普惠金融发展规划（2016—2020年）》中指出，要提高金融服务可得性。大幅改善对农村贫困人口、创业农民等初始创业者的金融支持，完善对特殊群体的无障碍金融服务。加大对新业态、新模式、新主体的金融支持，提高农户贷款覆盖率，提高金融服务覆盖率。基本实现乡乡有机构，村村有服务，乡镇一级基本实现银行物理网点和保险服务全覆盖，巩固助农取款服务村级覆盖网络，提高利用效率，推动行政村一级实现更多基础金融服务全覆盖。继续完善农业银行"三农金融事业部"管理体制和运行机制，进一步提升"三农"金融服务水平。引导邮政储蓄银行稳步发展小额涉农贷款业务，逐步扩大涉农业务范围。鼓励全国性股份制商业银行、城市商业银行和民营银行扎根基层、服务社区；为

“三农”提供更有针对性、更加便利的金融服务，推动省联社加快职能转换。提高农村商业银行、农村合作银行、农村信用联社服务“三农”的能力，加快在县（市、旗）集约化发起设立村镇银行步伐，重点布局中西部和老少边穷地区、粮食主产区聚集地区。

第四节　充分利用好资源

农业创业一定要充分考虑当地的自然资源，并尽全力将资源利用起来。当然，创业所在地的传统习惯和自身在技术、管理、人脉方面的优势也要考虑。

一、用好当地资源

我们所处的自然环境主要包括土地资源、水资源、矿产资源、生物资源和森林资源等。例如，有人发现自己所处的村子里因建路取土，从而形成了一块较大的属于村集体的闲置水面，就能够以较低的价格租用这块闲置水面进行创业。

当然，还有很多其他方面的途径可以产生农业创业项目，如可从网络、电视、报刊等媒体报道中产生，可从参加一些商品展销会中产生。总之，我们应多花功夫、放远眼光，善于寻找和发现农业创业商机。

二、发挥自身优势

创业者在审视创业环境之后，应该从中选出重点利用和开发的资源，贯彻自有资源优先原则。所谓自有资源，就是创业者本人拥有的或自己可以直接控制的资源，包括专有技术、行业从业经验、经营管理能力、个人社会关系、私有物质资产等。相对于其他非自有资源，自有资源的取得和使用成本往往较低；同时，这些资源在利用过程中也容易使项目获得标新立异优势，在市场竞争中能够占据主动地位。我国许多老字号品牌如“北京烤鸭”“山西老陈醋”等，能够历经百年而长盛不衰，与这些品牌商家在最初创业时开发并有效利用自己的专有技术有密切关系。

结合生活经历、兴趣爱好、资金财力和对市场的分析把握，我们需要分析自身具备哪些农业创业的优势，有哪些专业特长，有没有创业经验，有没有较好的人脉……这些方面考虑清楚了，再选择我们的创业项目，才可以做到打有准备之战。

三、实现入乡随俗

每个民族、每个国家、每个地区都有自己的传统文化和传统习惯。应当选适合当地习俗，迎合当地消费者需要的行业，这就必须付出点腿力和时间，需要在进入某行业之前进行大量的市场调查，实现创业项目入乡随俗。没有调查贸然入行，导致最后赔进去大量积蓄，那才是最痛苦的。

正是由于地域的差异、文化的差异、地方的习惯和心理差异等，都会严重影响消费者对产品的选择，就像南方人大多喜欢吃大米，北方人大多喜欢吃面食，川湘人好辣，苏沪人喜甜，所以产品如果想进入某个市场就要适度入乡随俗。

模块五　组建创业团队

创业成功与否，人的因素影响占有很大部分，有什么样的人才就会有什么样的企业。对于创业者来说选择一个合适的创业伙伴和选择一位相伴终身的爱人相比是同等重要的，对以后事业的发展起到举足轻重的作用。本模块将介绍创业人员的组合以及如何管理创业团队。

第一节　创业人员组合范围及方法

一、创业人员组合的范围

人员组合是指以创办的企业的性质、工作的岗位、参与者的身份等为对象，明确人员组合的范围，如发起者、创办者、合伙者、投资者、参股者、被雇佣者、管理者、技术员、生产者等。

二、人员组合的方法

在企业的内部，由于各类人员的工作性质不同、身份不同，人员组合的方法也有差异。

（1）岗位组合法。是根据工作岗位的多少，各岗位的工作量、劳动效率、轮班次数和出勤率等因素，来组合人员的一种方法。

（2）效率组合法。是根据生产任务（工作量）和劳动效率（劳动定额）以及出勤率来确定人员组合的一种方法。这一组合主要适用以手工操作为主的企业生产。

（3）资本组合法。是根据创业者投资的多少、形式的不同来确定人员组合的一种方法。它可以分为合作组合、合伙组合、雇佣组合等人员组合形式。

（4）业务分工组合法。是根据创办企业的性质而划分的业务性质、职责范围和工作量来确定人员组合的一种方法。这种方法主要适用于企业管理人员和工程技术人员，而且应有适当的比例才能达到合理的人员组合要求。

在实际操作中，创业者可根据不同工作性质，区分各类人员的不同情况而具体运用，或把几种方法结合起来使用，以确定先进合理的人员组合方案。

第二节　人员组合的原则及标准

一、人员组合的原则

（1）高效、精简、节约的原则。提倡兼职，充分利用工作时间，节约人力资源。简化管理层次和简化业务手续，以节约企业运行资本，形成统一、灵活和高效的指挥系统。

（2）风险共担、利益共享的原则。创业之初，因市场历练不足，难免在激烈的市场竞争中运筹时出现差错，遭受损失，创业人员应有充分的心理准备。创业者之间要做到共进退，必须通力合作，形成凝聚力，抗击风险，赢得市场，获得利益。这样，一方面是为了防止合伙者不正当地规避风险，对其他合伙者造成利益的损害；另一方面也是为了提高抗风险的能力，加强创业者之间的同心力。

（3）事业第一，亲情、友情、人情第二的原则。所谓“商场无父子”就是这个道理。创业之初，如果过多地考虑亲情、友情、人情，你的一切就被束缚，创业就不能严格管理、高效运作、令行禁止，最终就不可能有好的效益。

二、人员组合的标准

人员组合的标准是指在创办企业时，依据企业性质、生产技术条件、工作岗位设定等进行人员组合的数量限定。人员组合标准是考察所创办企业用人与组合是否先进合理的尺度。不同的创业模式，人员的组合方式和数量限定也不相同，但一般来说应遵循人员组合的相关原则进行确定。

创业之初，各种事情千头万绪，人员组合方式多样。志同道合者走到一起，共创一番事业，最佳的人员组合能使创业者迈出坚定而又成功的第一步。

第三节　创业人员组合内容

一、懂技术的

一个企业没有自己的技术就会被市场淘汰，要是不在自己的技术上加以创新，就会被市场赶出去。绝大多数成长起来的公司的创业者、创始人都是有很深的技术背景。

二、能算账的

财务乱是很多年轻组织存在的缺陷，年轻的创业团队往往没有专业的财务人员导致财务问题而引起团队纠纷。因此必须请专业财务人员制定内部财务制度，为创业团队的财务运作提供一个制度约束机制。

如何建立比较完善的财务制度需要团队成员进行共同探

讨，会计和出纳由两个人来担任或兼任，剩余的人做监督员，会计可以是专职，也可兼职。

三、跑市场的

企业要发展要前进其实就是靠人才。无论企业的销售策划有多好，广告多么的铺天盖地，分销渠道多么的流畅，最终要达成销售的，关键还是终端的销售人员。创业人员中跑市场的就是搞销售的。销售人员出现问题就会影响产品的销售，前面再怎么优秀的人，付出再辛苦的劳动也都泡汤了，所以销售这个最终环节是最重要的。

【知识拓展】

如何巧卖农产品

(1) 肉鹅切割归类卖。有位农民养了千余只肉鹅，但出栏时市场行情较差，于是他将肉鹅分割销售，鹅毛分成鹅绒、鹅羽、鹅大翎，按类别和等级销售；鹅肉则分成鹅头、鹅脖、鹅肠、鹅架、鹅胸脯、鹅爪、鹅腿、鹅心等，并调制成各种菜肴，上市后不仅畅销，而且效益增加了近1倍。

(2) 粉丝剪断包装卖。有位农民经纪人在销售粉丝过程中，发现人们煮粉丝时很难将其折断，于是便把粉丝加工成筷子一样长短包装销售，投放市场后深受消费者欢迎。

(3) 蔬菜做成盆景卖。有个农民看到城里人喜欢养花，便将朝天椒、五彩椒、茄子、樱桃、番茄、生姜、心里美萝卜等栽在花盆中，有花有果，既可观赏又可食用，很受城里人喜爱。

(4) 芝麻糊现配现卖。有位农民买来一台小型磨面机，将黑芝麻糊的原料，事先在家炒熟，然后用三轮车拉到菜市场，现做现卖黑芝麻糊。

(5) 西瓜多赚剖开卖。有位农民发现西瓜整卖有许多弊端，便将西瓜剖开卖。结果每千克多卖0.40.8元。因为剖开卖使买瓜人对瓜的成熟度一目了然，能买个放心舒心。

四、会当家的

在创业团队中，会当家的就是带头人。带头人正如大海航行中巨轮的舵手，指引着创业团队的方向。创业团队中必须有可以胜任的带头人，而这个带头人，不是单单靠资金、技术、专利来决定的，也不是谁提出什么好的点子谁就可带头。这种带头人是团队成员在多年同窗、共事过程中发自内心认可的，应该在创业团队中有较大的影响力。

【知识拓展】

对于一个优秀的领导者来说，其影响力的主要来源归结于其以下3个方面的素质。

(1) 睿智。一个优秀的领导者应该聪明，有智慧、有魄力、有能力，这是领导者之所以优秀的基础，是领导者个人权威的本质体现。

(2) 包容心。一个优秀的领导者要善于包容，这主要表现在两个方面：一是对下属的“过失”善于包容；二是对下属的“不敬”善于包容。

(3) 亲和力。领导者要善于“亲和”，平易近人，要使下属觉得自己易于接近，敢于接近，心理上永远存有一种“暖”的感觉。

第四节　创业团队管理

创业团队具有年龄轻、发展快、变化多、创造力强等特点，决定了在这样的团队管理中，传统的管理理念和方法并不能满足企业发展的需要。创业团队管理需要更多的激情、更灵活的管理、更快速的反应和更强的战斗力，这就决定了创业团队要有独特的管理模式。

企业好比是一个沿着斜坡往上滚动的球，市场竞争和企业内部职工中可能出现的惰性对球体形成向下的内外两种压力。如果没有一个向上的大于这种压力的推力，球就一定会往下滑。对于企业来讲，这个向上的推力就是强化管理。

一、充分利用人员的特长

企业应根据每个员工不同的特点，加以重用，做到人尽其才，这是人力资源管理的上上之策。其中最重要的是要了解个体自身的不同的特点。每个人的能力特点有所不同，不同特点的人对他从事什么样的工作以及工作效绩如何，都有着极其重要的影响。只有当特点和工作相匹配的时候，才能充分地发挥人的能力以及潜能，才能真正做到人尽其才。

外向性人才，善于社交、言谈，适合做营销方面的工作；随和性人才能够愉快合作，给人以信任的感觉，适合做协调方面的工作；责任心强的员工具有强烈的责任感、可靠性，适合单独负责一个项目，委以大任；情绪稳定型的员工，平和、安全，能够统揽全局，这样的人才适合做决策者；不善言词、肯吃苦、耐得住寂莫的人，适合于干生产一线的工作；经验丰富、个体聪明、敏锐的，适合做开拓创新型的工作。

对于领导者来讲，用人不疑，疑人不用，只是初级阶段。敢用疑人，会用疑人，更是智高一筹，只有这样，才能保证企业的人才用之不竭。

二、具有良好的制度才能出效益

俗话说“没有规矩不成方圆”。最初创业时就把该说的话说到，该立的字据立到，不要碍于情面。把最基本的责、权、利说得明白透彻，这样在企业发展壮大后，才不会出现因利益、股权等的分配分歧产生团队之间的矛盾，导致创业团队的分裂。

创业团队管理规则的制定，要有前瞻性和可操作性，要遵循先粗后细、由近及远、逐步细化、逐次到位的原则。这样有利于维持管理规则的相对稳定，而规则的稳定有利于团队的稳定。

好的管理制度能够极大地提高工作效率、促进目标的完成。否则，反而会诱致错误的导向，形成副作用。所谓“制度通，一通百通”。即使只有一两个人，企业的岗位也是客观存在的，只不过是一个人承担了几个岗位的工作职责。在所谓麻雀虽小，五脏俱全。通过制度，各施其职，各司其责。

三、建立激励机制

曾经有人这样比较中国和外国员工的职业化差距，外国员工是“我做得越多，老板给我的钱就越多，所以我要多做”；而中国员工是“老板给我多少钱，我就干多少活，所以给得少就少干。”对创业团队的成员应该采取一种怎样的管理模式，既能保证效率，又能保证团队的和谐？企业在发展的不同时期应该建立相适应的管理模式。

农业创业初期，基本上算是作坊式管理，可以实行加分式绩效考核，按照考核分数高低与相应绩效挂钩奖金，形成以加分为主、多劳多得、奖勤罚懒的考核激励机制，体现公平原则，同时也可从中发现人才，培养骨干分子。

如果你的企业已经存活几年了，进入了成长期，团队也基本定型，具备了现代企业雏形，再用绩效考核的办法是留不住人心的，应该对团队的中坚力量实行部分期权或年终红利分配等激励机制。

再过些年，你的企业发展壮大到一定规模时，就应该完全按照现代企业制度实行公司治理，搞好企业文化建设，或者进行股份制改造，让企业中高管享有一定的股权、期权，让他们彻底融入到企业发展之中，变员工为股东，自觉把企业的命运与个人的命运相结合，以完成企业宗旨为使命。这样的企业团队既有效率又能构建和谐氛围，才能保证在激烈的市场竞争中战则能胜，守则能固，永远立于不败之地。

【想一想】

唐僧该如何分配百万奖金？

话说唐僧师徒四人历尽千辛万苦西天取经归来，以如来、观音菩萨为首的董事会经过研究决定，奖励唐僧师徒四人——西天取经项目小组100万元奖金。并决定由唐僧负责制定分配方案，董事会不干预，但要求唐僧必须要把分配方案上报董事会。在财务备案后，由师徒四人分别到财务领取奖金。

唐僧接到指令后有四难：面对这100万，一是自己和三个徒弟的分配比例如何确定？二是三个徒弟应该分别得多少？三是分配是公开民主，还是自己私下决定？四是若公开后有人不服，找自己甚至找观音告状，该怎么办？

模块六　开展创业融资

创业项目到底需要投入多少创业资金？这主要是依据创业项目种类、规模大小、经营地点等情况而定。下面将重点介绍如何估算创业资金以及创业资金来源的主要渠道。

第一节　预算农业企业启动资金

启动资金是指你开办企业所需的资金。在创办农业企业之前，你必须了解自己需要多少启动资金，通过何种途径获得这些启动资金。

启动资金包括：投资和流动资金。

一、你需要进行哪些投资

投资是指为企业购买价值较高、使用寿命长的资产及开办企业所支出的一次性费用。它包括固定资产和开办费用。

固定资产指价值较高、使用寿命较长的资产，如机器、设备、房屋等。开办费用是指开办企业之前所需支付的一些一次性费用，如证照费、开业前员工的培训费等。

有些企业只需较少的投资就可以创办，而有些企业却需要大量的投资才能创办。明智的做法是尽量把企业的投资降低到最低限度，这样有利于降低企业风险。

投资需要资金，在你创办企业时这些资金必须到位。所以在创办企业之前，你必须对企业所需投资资金进行估算。

投资通常分为两大类。

（1）企业用地或建筑。

（2）机器、设备和工具。

（一）企业用地或建筑

企业需要一个场地来开展工作，这个场地可能是一栋建筑物，也可能是一个小小的门面，也许只用一个小工作间。根据企业情况，如果开办时能在家中办公，就能降低投资额度。现在你应该详细地看看你到底需要什么样的厂房建筑了。

在清楚了自己需要什么样的厂房建筑后，你需要作出以下的选择。

（1）建厂房建筑。

（2）买厂房建筑。

（3）租厂房建筑。

（4）在家开办。

如果你的企业对建筑物有特殊要求，最好选择建自己需要的厂房。这样做需要大量的资金，而且建设周期较长。

如果你能在适当的地方找到合适的建筑物，那么买现成的建筑会简便快捷。这样做需要大量的资金，而且还需要对房屋进行改造。

如果能租到合适的厂房，比建房或买房来说，所需资金要少，也更灵活。这样做可以节省一定的资金，但是不像自己的厂房那样安稳。

（二）机器、设备和工具

指企业需要的所有机器、设备、工具、车辆、办公家具等。农业种植、养殖企业在设备上需要一定的投资，因此，了解需要什么设备并选择正确的设备类型就显得非常重要了，哪怕只需要少量设备的农业企业，也要慎重考虑。同时，你还必须考虑所需机器、设备的数量、产能、价格、配件供应、设备的供应渠道等。

如果机器、设备的价值较高，你还可以通过租赁的形式获得，这样你可以不需要机器、制备投资，只需支付租金就行了，但是租赁机器、设备代价比较昂贵。

（三）开办筹备工作和费用支出

在创办一家农业企业时，你必须牢记，有哪些工作必须在企业开始运行之前就进行的，这些工作就叫开办筹备工作。开办筹备工作因企业特点不同而不同，其中包括以下内容。

（1）获得土地、建筑等。

（2）寻找和选择机器和设备。

（3）寻找原材料供应渠道。

（4）如有必要，需获得相关行政管理部门批准等。

要记住，开展这些工作需要一定的资金支出，你必须做哪些工作，并为此测算需要的资金量。

二、你需要哪些流动资金

流动资金指企业日常运转所需要的支出的资金。

农业种植业、养殖业在销售产品之前必须先把产品种植、养殖出来。农资、农机经营企业在开始销售之前必须先买进一定量的存货（成品），农家旅游服务在开始提供服务之前必须购买必要的材料，而且大多数企业在顾客光临之前还要花费一定的时间和资金进行必要的促销，在此期间还要支付员工工资、房租等。

企业的性质不同，或经营种类不同，所需的流动资金也不相同。有的农业企业的流动资金需要满足企业8年（如成材林种植）的需要，有的可能是一个半月的需要（如肉鸡养殖）。你必须估计自己的农业企业需要多长时间才能获得销售收入，并为此准备足够的流动资金。

一般来说，流动资金主要用于支付以下开销。

（1）购买原材料或成品。

（2）促销费用。

（3）工资。

（4）房租。

（5）保险费。

（6）其他费用。

（一）购买原材料或成品

农业种植、养殖企业需要购买种子、种苗；农资、农机经营企业需要买进成品来销售，并需要适当的存货来保障供应；农家旅游服务企业也需要原材料。

如果你是农业种植、养殖企业，你必须估算出在开始销售产品之前需要多少原材料保证生产，这样你就可以算出需要的流动资金。农家旅游服务企业，必须估算在顾客付款之前，为提供服务需要多少材料。

对农资经营、农机经营企业来讲，原材料就是企业转售的商品。必须估算出在创办企业时需要多少成品作为存货。

如果你的企业允许赊销，就需要更长的时间来获得销售收入，你需要的流动资金会更多。

（不赊销）原材料需求资金量 = 创办农业企业时所需的存货量 × 采购价格

（二）促销

新企业开张，需要促销的产品或服务，如果采用口碑外的促销方式进行促销活动，则需要一定量的流动资金。

（三）工资

雇用员工，你必须按时足额发放工资。你也需要考虑为自己发放工资用于家庭生活费的支出。你的企业用于发放工资的流动资金量就是所用的员工月工资总数乘以能用销售收入支付工资之前的月数。

工资需求资金量＝员工月总工资数×能用销售收入支付工资之前的月数

（四）房租

如果用租赁厂房的形式来开办企业，通常在你开办企业之前就必须支付企业厂房的租金。用于支付厂房租金的流动资金量应根据不同业主的情况而定，一般情况下是月租金乘能用销售收入支付厂房租金之前的月数。

房租需求资金量＝月租金×能用销售收入支付房租之前的月数

（五）保险费

为降低企业风险，特别是农业企业应该参加商业保险，因此，你需要从流动资金中安排一部分资金来支付商业保险费用。

（六）其他费用

企业起步阶段还会有其他一些需要支付的费用，比如，电费、办公费用、维修费、交通费等。这一部分费用也计入流动资金范围内。支付其他费用所需的流动资金量用月其他费用总支出量乘以能用销售收入支付这些费用之前的月数来计算。

其他费用资金量＝月其他费用资金量×能用销售收入支付这些费用之前的月数

三、预测企业所需的启动资金

（1）列出企业启动时需支付的所有费用并分类。

（2）将分类支出填入投资、流动资金统计表中。

（3）分别计算投资、流动资金需求量，并计算出启动资金需求量（表6－1）。

表6－1　投资（或流动资金）预测表

项目	费用
合计	

【案例】

太空莲种植基地

张连军在向供货商、土地发包人、建筑商等了解情况之后，他对自己创办的太空莲基地需要的启动资金进行了估算，他认为企业需要6个月后才能用销售收入来支付企业的费用支出（表6－2）。

表6－2　太空莲投资预测表

投资	基地建设	280 000	
	车辆（2辆）	200 000	
	莲种	480 000	因为数额大，仅使用4年，以投资计算
流动资金	土地租金	600 000（年）	
	租用机械	70 000（年）	
	人工工资	294 000（6个月）	
	水电费	1 000（6个月）	
	营销费用	7 500（6个月）	
	运输费	9 000（6个月）	

（续表）

流动资金	电话费	3 600（6个月）
	化肥	80 000（6个月）
	农药	
	农业保险费	30 000（年）
	其他费用	15 000（6个月）
	合计	2 070 100

【案例】

王婷农资经营店

王婷认为，她的企业需要花2个月的时间才能达到收支平衡。她知道顾客发现一家新的商店需要时间。在此期间，她的启动资金必须能支付所有支出（表6－3）。

表6－3　农资店投资预测表

	项目	费用（元）
投资	货架	5 000
	柜台	5 000
	电脑	4 000
	沙发	2 000
	老板桌、椅	4 000
流动资金	农药	100 000（初期铺货）
	化肥	200 000（初期铺货）
	种子	150 000（初期铺货）
	水电费	1 000（2个月）

（续表）

	项目	费用（元）
流动资金	电话费	400（2个月）
	人工工资	16 000（2个月）
	交通费	400（2个月）
	租金	12 000（年）
	促销费用	4 000（2个月）
	维修费	
	保险费用	1 200（年）
	其他费用	1 600（2个月）
合计		506 600

四、启动资金获得途径

在估算完你创办的企业需要多少启动资金后，下一个问题就是：你到哪去筹到这些钱？在起步阶段，你将需要全部启动资金，因为这笔钱是你开办企业的投入和维持企业运行的必需费用。所以在你没有找到所需全部启动资金之前，一定不要开始创办企业。

农业创业最重要的启动资金来源有：业主的个人资产、贷款。

创业有风险，投钱创办企业一定会存在风险，所以在市场调研的基础上，你必须对自己的企业想法有充分的自信，如果你还在犹豫是不是要这样做，意味着你对自己的企业想法还心存疑虑，就应该回头再检查一下自己的企业想法，以确保对自己的想法有足够的信心。

如果你向银行申请贷款作为启动资金，给企业带来的压力会大于用自己个人资产做启动资金，不仅需要支付利息，另外还要向银行出示企业计划书和提供抵押。通常情况下，创办企业时最好是尽可能少贷钱。

不管是采用个人资产投资还是向银行贷款方式筹资，在创办企业之前一定要筹够全部启动资金。否则，要么放弃这个企业想法，要么就缩小创办的规模。

将预测的启动资金信息及获得资金的途径记录在企业计划书上（表6－4）。

表6－4　启动资金获得情况

项目	费用（元）
投资	
流动资金	
合计	

第二节　创业资金的筹集

一、用上自有资金

创业之初创业资金的主要的也是最可靠的来源是自有资金。通过自己动产或不动产变现来筹集创业资金是创业资金筹集的主要渠道之一。以前财主们将钱放在家中，甚至藏于地窖，唯恐外露。如今，人们存入银行，变成存款，取得利息。而在经营者眼里，单吃利息钱的增值太慢，钱要变成资本，资本就能迅速增值。资本只有在运动中才能增值，投放到生产、流通领域的资金才能盈利。资本能变换价值形态，吸收人才、技术、信息、原料、设备。如果寻找到合适的项目，对技术、市场等亦有信心，就应果断将手头的钱投资到你充分论证、选择的项目中去。

【案例】

守财守成了“贫困户”

丁某是村里第一个“万元户”，早在20世纪90年代初期，就靠省吃俭用有了3万多元的存款，当时就有很多人劝他要用这笔钱投资发展养殖或特色种植业，然而丁某过度恐慌于投资风险，一直守着3万多元，仍然靠传统种植业过生活。随着孩子日渐长大，家庭开支越来越大，丁某的年收入已经不能支付家庭支出，守了十几年的3万多元越来越少，直至变成负数。十年前3万元就可建成的新房，如今需要10万元，依然住在三间旧房的丁某已经无力再建新房，他原有的3万元钱也从数值上和价值上失去了实在意义。丁某成了村里的贫困户。

因循守旧，不思进取，小富即满，小富即安，这种思想在中国农村依然存在，这也是很多农民难以发家致富的原因之一。经济发展是干出来的，单纯依靠“省”和“守”只会让自己固步自封，最终被社会所抛弃。

二、用好现有资产

现有资产包括你和你的合伙人现存的场地、房屋、机械设备和办公用品以及交通工具等，能够利用的尽可能利用。如创业之初，离不开理想的场所，而创业之初的很大一笔投资可能就是用来支付房租的。因此，只要你能转换一下脑筋，想办法获得一处免费的创业场所，那就相当于得到了一笔可观的创业资金。

【案例】

盘活农村闲置资产创业

安福县山庄乡荣溪村农民伍冬生租用早禾村委会闲置的房子办起成衣加工厂。

伍冬生认为这样做有几个好处：一是闲房派上了用场，可以以房养房，省得房子没人用；二是大大减少了创业者的投入，降低了投资成本，不要再去建厂房；三是缩短了办厂周期，租来就用。

农村这类闲置的资产比较多，比如，许多农村小学实行撤点并校，闲置了许多校舍，许多人都是通过盘活这些闲置资产，有的办玩具厂，有的办炒货厂等。这里还有一个最大的好处就是解决了返乡农民工创业的场地紧缺问题。

目前，农村由于乡镇合并、村庄合并以及撤点并校等，存在不少闲置资产，农业创业者应有意识地利用好这些资产进行创业，尤其是对于刚刚踏入创业门槛的创业者来说，在资金相对紧张的情况下，可以考虑抓住这些机会，变废为宝。

三、依靠借贷资金

中国人的传统思想是不愿意向别人借贷，即使遇到暂时的资金困难，一般也不愿意向别人借贷。而随着社会的发展，传统的观念正在逐步改变，要想成就一番大业，抓住发展机遇，依靠借贷资金发展往往是必要的手段。

在通常情况下，借贷有两种方式：一是向亲友借款，二是找银行贷款。

【案例】

借款发展养殖业

李延榜是邑县李小庄村村民，全家3口人仅靠种植8亩（1公顷＝15亩，1亩≈667平方米，全书同）地的小麦、玉米为生，生活十分困难。2015年年底，他在自家门口借用6 000元的“互助金”，搞起了“狼德”大白鹅养殖项目，存栏110只。经过几个月的精心饲养，将其中的80只售出，收入达5 000多元。

李延榜说，“我今年养的这百十只大白鹅是第一次尝试，但收到了较好效果，因为大白鹅抗病能力强，技术易掌握，好管理，投入少，见效快，一只鹅能卖六七十元，一枚鹅蛋还能卖3块钱，可见效益高，的确是农民增加收入的有效途径。这些，我要好好感谢党和政府，感谢扶贫政策，如今想发展什么，只要经村管会审核同意，在一天内就能借到款，第二天你就可投入生产了，再也不用为借不到款而发愁了。下一步计划多筹措资金，扩大养殖规模，力争年纯收入超万元。”

农民创业之初，资金相对都比较紧张，这时可以利用政府以及金融机构的扶持政策，筹措资金，以解资金匮乏的燃眉之急。

（一）贷款形式（表6－5）

表6－5　贷款形式

贷款形式	期限	备注
流动资金贷款	按生产经营周期确定，原则上不超过12个月	用于解决生产经营中合理需要的流动资金

（续表）

贷款形式		期限	备注
固定资产贷款	技术改造贷款	一般不超过3年	为了支持现有企业技术改造，增强企业活力，提高产品在国际和国内市场的竞争能力
	基本建设贷款	一般不超过5年	对新建、改扩建项目发放的中长期投资贷款
贴现		一般不超过6个月，最长不超过9个月	银行承兑汇票或者商业承兑汇票的持票人将未到期的票据转让于银行，银行将票面金额扣除贴现利息后将余额付给持票人的一种融通资金行为
专项贷款		视具体情况而定	如特种贷款、扶贫贴息贷款等
委托贷款		视具体情况而定	根据委托人确定的对象、用途、金额、期限、利率等要求而代理发行的贷款

（二）银行贷款的种类

（1）抵押贷款。指借款人向银行提供一定的财产作为信贷抵押的贷款方式。

（2）信用贷款。指以借款人的信誉发放的贷款，借款人不需要提供担保。

（3）担保贷款。指以担保人的信用为担保而发放的贷款。

【知识拓展】

《农村信用社农户小额信用贷款实施办法》摘要

第二条　本办法所称农户是指具有当地农业户口，主要从事农村土地耕作、养殖或其他与农村经济发展有关的生产经营活动的农民、个体经营户等。

第四条　农户小额信用贷款采用“一次核定，随用随贷，余额控制，周转使用”的管理办法。

第八条　申请农户小额信用贷款应具备以下条件：

（一）居住在信用社的营业区域之内；

（二）具有完全民事行为能力，资信良好；

（三）从事土地耕作、养殖或其他符合国家产业政策的生产经营活动，并有合法、可靠的经济来源；

（四）无历年沉欠贷款，对公众及单位无债务关系；

（五）具备偿还贷款本息的能力。

第九条　农户小额信用贷款的用途：

（一）种植业、养殖业方面的生产费用贷款；

（二）小型农机具贷款；

（三）围绕农业产前、产中、产后服务等贷款；

（四）购置生活用品、建房、治病、子女上学等消费类贷款。

第二十条　持有农户小额信用贷款证的农户，可以凭贷款证及有效身份证件，到信用社指定的营业网点直接办理限额内的贷款。信用社的信贷人员也可以上门发放贷款。

第二十一条　对超过农户小额信用贷款限额以上的贷款需求，借款者本人又无法提供有效抵押、担保的贷款户，信用社可采取35户农民联保的办法。

第二十六条　农户小额信用贷款期限根据生产经营活动的实际周期确定，小额生产费用贷款一般不超过一年。

第二十七条　农户小额信用贷款利率可执行中国人民银行公布的贷款基准利率和浮动幅度，浮动幅度内的利率可适当优惠。

四、争取创业基金

作为调节产业导向的有效手段，各地政府部门为有发展前途的高科技人才提供免费的创业园地的同时，每年还会拿出数目相当可观的扶持资金，用于支持创业。假如你是创业者，不妨争取这样的政策性扶持，一旦成功，资金问题就会迎刃而解。

创业是一个系统工程，在创业初期创业者最需要的是资金，农业创业者如果能够及时抓住政府部门的一些优惠政策或者提供的一些资金支持，将会为你创业的梦想插上理想的翅膀。

（一）创业资金为何滚滚流入别人的口袋

我们就创业者在吸引创业资金时经常发生的案例情形进行总结。

（1）等待型。创业项目刚刚起步，突然遇到资金预算不准确，缺乏资金了，这个时候很多创业者是整天想着如何找到一笔资金，但缺乏行动，等待扶持，甚至影响到业务的正常开展。

（2）抱怨型。创业者一旦资金出现问题，就抱怨机遇不好，心烦意乱，最终迷失目标。

（3）犹豫型。创业者积极努力，行动前考虑可能遇到的若干问题，往往踌躇不前，坐失良机，使创业项目无法运营。

【议一议】

资金跟着谁走？为何有的创业者能够获得资金？

（二）创业融资渠道

（1）风险投资。风险投资是由职业金融家投入到新兴的、迅速发展的、具有巨大竞争潜力的企业中的一种权益资本。广义的风险投资泛指一切具有高风险、高潜在收益的投资；狭义的风险投资是指以高新技术为基础，生产与经营技术密集型产品的投资。

（2）天使投资。天使投资是自由投资者或非正式风险投资机构，对处于构思状态的原创项目或小型初创企业进行的一次性的前期投资。天使投资虽是风险投资的一种，其资金来源大多是民间资本。

（3）创新基金。我国科技型中小企业的发展势头迅猛，已成为国家经济发展新的重要增长点。这些处于创业初期的企业在融资方面面临迫切的要求和困难，成为政府致力解决的重要问题。

（4）小微企业担保贷款。一方面小微企业融资难，另一方面银行资金缺乏出路。银行认为为小微企业发放贷款，风险难以防范。随着国家政策和有关部门的大力扶植以及担保贷款数量的激增，小微企业担保贷款必将成为小企业另一条有效的融资之路。

（5）政府基金。各省市地方政府，为了增强自己的竞争力，不断采取各种方式扶持科技含量高的产业或者优势产业。为此，各级政府相继设立了一些政府基金予以支持。

（6）典当融资。典当的主要作用就是救急。与作为主流融资渠道的银行贷款相比，典当融资虽只起着拾遗补缺、调余济需的作用，但由于能在短时间内为融资者争取到更多的资金，因而被形象地比喻为“速泡面”，正获得越来越多创业者的青睐。

模块七　编制创业计划书

当你选定了创业目标与确定创业的动机之后，而且在资金、人员、市场等各方面的条件都已准备妥当时，就必须草拟一份完整的创业计划书。创业计划书是整个创业过程的灵魂，在这份白纸黑字的计划书中，详细记载了创业的内容，包括创业的种类、资金规划、阶段目标、财务预估、行销策略、可能风险评估、内部管理规划等，在创业的过程中，这些都是不可缺少的。制定创业计划书，通常是个辛苦、具有创造性和重复性的过程，这个过程可以让创业者对创业活动有个更加清晰的认识，预见创业的可行性，这对创业者来讲，往往会起到“磨刀不误砍柴工”的效果。

第一节　农业创业计划书的主要内容

一、计划摘要

摘要要尽量简明、生动。计划摘要一般包括以下内容：企业介绍、主要产品和业务范围、市场概貌、营销策略、销售计划、生产经营计划、管理者及其组织、财务计划、资金需求计划、农业创业项目的支持政策等。

二、企业简介

企业简介主要包括企业名称、地址、联系方法等；企业的自然业务情况；企业的发展历史；对企业未来发展的预测；本企业与众不同的竞争优势或独特性。

三、产品或服务

产品（服务）的介绍应包括以下内容：产品的概念、性能及特性；服务的对象、范围；主要产品或服务项目介绍；产品（服务）的市场竞争力；产品的研究和开发过程；发展新产品（服务）的计划和成本分析；产品（服务）的市场前景预测；产品的品牌和专利。

四、人员组合

有了产品之后，创业者第二步要做的就是组建一支有效的创业人员队伍。一个企业必须要具备市场营销、生产作业、财务会计等方面的专门人才。

五、市场预测

市场预测应包括产品或服务的市场现状综述、竞争对手概览、目标顾客和目标市场、本企业产品或服务的市场地位、市场区域和特征等内容。

六、营销方案

在创业计划书中，营销方案应包括以下内容：市场机构和营销渠道的选择、营销队伍和管理、促销计划和广告策略、价格决策。

七、生产或服务计划

主要描述生产或服务的设备要求、厂房要求、人力资源要求、技术要求、进度要求、原材料要求、质量要求等方面的问题。

八、投资预算及利润分析

投资预算要分项列出建设或租赁厂房或店面房的总价、生产或经营设备的总投资、为创办企业应缴的各种费用、创业产品的原材料价格、生产工人和管理人员的工资、流动资金、不可预见支出等。

利润分析要说明投资者如何收回投资，什么时间收回投资，大约有多少年回报率等情况，包括对投资额、经营成本和销售收入发生变动的影响分析。

九、风险预测

风险通常包括技术风险、市场风险、管理风险、财务风险、政策风险、自然风险以及其他不可预见的风险。

十、工作进度安排

工作进度安排表包括做好市场调查，确定创业的产品或服务的内容，进行产品、服务及包装的设计，选择厂址，购置生产设备，招聘员工，制作广告并创意促销方案，领取营业执照，银行开户，税务登记，开业仪式等内容。执行时间可以交叉安排。

创业计划书的制定是一个不断调研、不断完善的过程，它可以帮助创业者记录许多创业的内容、创业的构想，能帮助创业者规划成功的蓝图，而整个创业计划如果翔实清楚，对创业者或参与创业的伙伴而言，也许更能达成共识、集中力量，这无异是帮助了创业者向成功迈进。

【读一读】

制定创业计划书的作用

创业计划书是创业者吸引资金的“敲门砖”和通行证。如何使创业者选择的创业项目找到所需要的资金支持是创业者顺利实现创业预期以及创业后续发展的关键所在。寻找资金没有窍门，只有靠好的产品（服务）、好的技术、好的管理以及好的市场。

创业计划书是创业者的创业指南或行动大纲。创业并不只是热情的冲动，而是理性的行为。一个看似美好的想法，经过仔细的分析，可能会被证明在市场中是行不通的。因此，在创业前，做一个较为完善的计划是非常有意义的。在做创业计划时，会比较客观地帮助创业者分析创业的主要影响因素，能够使创业者保持清醒的头脑；一份比较完善的创业计划，也可以成为创业者的创业指南或行动大纲。

第二节　编制农业企业计划书判断你的企业能否开办

在创办一个农业企业之前，你需要收集和利用大量的信息，在顺利完成前面所有步骤之后，你已经通过大量的练习，掌握了充足的信息。本步骤中需要完成你的创业计划书。

你要对所有信息进行综合分析，完成并充实你的创业计划，再度判断你的创业项目有多大的成功机会，从而决定你是否应该创办这个企业。

一、编制创业计划书

创业计划一定要写得详细，它应该包括以下几个部分。

（1）概要。高度概括创业计划各部分内容的要点，勾画出企业的轮廓。概要的内容要全面，条理要清晰，它是新企业给人的第一印象。这部分内容最后完成，却要放在创业计划的首页。

（2）企业构思。概括描述你的企业，重点说明你要推出的产品或提供的服务，以及你的顾客群体，同时充分考虑企业构思可能面临的各种风险及应对措施。

（3）市场评估。任何生意都是通过满足顾客需求而获取利润的。对市场的大小，未来的前景，以及顾客、竞争对手都要进行调查和了解。市场营销计划是你针对特定顾客群的需求来确定产品的市场定位，详细介绍产品或服务的特点、价格、营业特点、销售渠道和促销方式。

（4）企业组织。这部分谈你将如何组建新企业，包括企业的法律形态、组织结构、员工和你的职责。

（5）企业财务。任何企业的目的都是赢利。创业计划就是要通过预测销售额、成本和利润来反映企业的效益和启动资金的需要量。

（6）附件。一般来讲，你提供的信息越详细，获取帮助的机会就越大。所以诸如申请哪种营业执照、产品或服务目录、价格表、岗位责任和工作定额等均应附在创业计划后面。

不同类型的企业可以用适合自己的格式来编写创业计划，上述格式是我们培训所要的，只要你能根据上述要求编写创业计划，再写其他形式的也就没有什么困难了。银行等金融机构可能要了解的情况会更加详细，或要求你用另一种格式写创业计划，但上述内容均不可少。

二、判断你的企业能否生存

现在，你的创业计划已经完成，接下来就要考察你是否做好了开业的准备。下面的问题都是你要考虑的。

（1）你有没有足够的时间和精力来承担企业的管理工作？

（2）你的企业是否能赚钱？

（3）你是否有足够的资金来办企业？你有没有足够的责任心和能力？

（一）你有决心和能力创办企业吗

你已经汇集了大量有关新企业的信息，现在你要真实面对自己，再次考验你是否做好了开办和管理这个企业的准备，请从头再思考一遍，也许你的想法会有所变化。

（二）你的企业能否赢利

你的销售和成本计划反映了企业开办第一年应该产生的利润。前几个月可能没有赢利，但往后就应当有，如果生意仍然亏损或者利润很薄，请考虑以下提示。

（1）销量能不能提高？

（2）销售价格有没有提高的余地？

（3）哪些成本最高？有没有可能降低这些成本？

企业的收益起码要够支付你的工资，给自己定的工资报酬应该和你投入企业的时间、能力和所担负的责任相称，它等于你雇佣别人来做你的工作时该付的工资。除了你的工资之外，你的投资还应该带来利润。

（三）你有没有足够的资金创办企业

你的现金流量表显示了企业现金收入和支出的动态。你要有足够的现金去支付到期的账单，即使企业有销售收入，如果资金周转不畅，企业也会倒闭。

如果你的现金流量表显示某个月现金短缺，你要采取以下措施。

（1）减少赊销额，加快现金回笼。

（2）采购便宜的替代品或原料，减少材料消耗来降低当月的成本。

（3）要求供应商延长付款期限。

（4）减少电话费、电费之类的开支。

（5）要求银行延长贷款期，或降低每月偿还的本息。

（6）推迟添置新设备。

（7）租用或贷款购买设备。

你已为农业创业准备好了吗（表7－1）？

表7－1　农业创业计划实施自检表

问题	你的评价	
	是	否
你决定出售什么样的农业产品或提供什么样的农业服务		
你知道你农业企业的顾客是谁吗？他们在哪		
你知道谁是你的主要竞争对手吗		
你知道你的竞争对手的长处和不足吗		
你预测过自己的销售吗		
你制定了产品或服务的销售价格了吗		
你选择好农业企业开办的地点了吗		
你决定使用哪种销售方式了吗		
你决定使用促销方式并知道自己的促销需要多少钱吗		
你已经选定了某种农业企业法律形态了吗		
你决定雇用什么样的员工了吗		
你知道对你的企业有用的法律都有哪些吗		
你决定为你的农业企业参加农业保险了吗		
你制订了未来一年的销售计划、成本计划和现金流量计划了吗		
你的企业在第一年中有利润吗		

（续表）

问题	你的评价	
	是	否
你的企业在未来一年中需要的启动资金是多少，你能筹到这些资金吗		
你对自己创办农业企业有信心吗		
你预测了你的农业企业第一年的销售量和销售收入了吗		

如果发现答“是”的较多，可以考虑创办你的农业企业了。如果发现答“否”的较多，你就需要认真思考了，或回头去从创业的最初阶段重新开始。

三、制订开办企业的行动计划

现在你已经决定要开办企业了，但还停留在纸面上。在和顾客实际打交道之前还有很多工作要做，做这些事要有章法，按部就班，所以你要制定一份行动计划，清楚有哪些工作要做，由谁来做，以及什么时候完成。把要做的事情列一份清单，例如，选择合适的营业地点；筹集落实启动资金；办理企业登记注册手续；接通水电、电话；购买或租用机器设备；购买存货；招聘员工；办保险；宣传你的企业。

★你要落实的事情很多，尽量不要浪费时间，行动计划是能帮助你安排任务的最简单有效的方法。计划要做得严谨，避免有遗漏。

请为自己制定一份开办企业的行动计划（表7－2）。

表7-2 农业创业行动计划表

需要采取的行动	由谁来做	时间安排

第三节 农业创业计划书样本

××生态农业有限公司创业计划书

第一章 计划摘要

公司名称：××生态农业有限公司

联系地址：××市××区××镇××村

联系电话：×××联系人：×××

本公司集养殖和种植及销售为一体，总占地面积90亩。其中小龙虾养殖占地40亩，速生菜种植占地50亩，其所有产品均销往武汉市及周边地区，员工15人。

本公司建立在美丽的滠水河畔，远离工业和生活污染，坚持以绿色环保理念生产，严格地对农药、化肥及饲料把关，所生产的小龙虾，个大，颜色红亮，味美可口。所种植蔬菜品质优良，安全放心。

随着国际国内市场对绿色无公害食品的需求量大增，加之，政府对生态农业发展有很多优惠政策，公司将实行滚动发展，扩大生产规模，实行产业链延伸，通过发展相关产业带动地域经济发展。

至2016年公司将发展到占地面积200亩，年销售总额200万元，员工30人。

第二章　公司概况

1. 公司简介

(1) 河边生态农业公司地处××市××区××镇××村。2011年8月18日经××市××区工商行政管理部门登记注册成立，注册资金5万元，实际到位资金3万元，其中现金2万元。

(2) 公司主要以养殖和种植及销售为主。其中养殖主要项目是小龙虾，规模40亩，其所有产品销往××市及周边地区。公司员工有15人。

(3) 本公司的成立将带动本地群众种、养观念的更新。经济效益提高也给地区城区菜蓝子提供了一份保障。

2. 公司成立背景

公司原是散户经营，种植和养殖不成规模，效益不明显。自公司成立后，集约土地资源，统一引进优良品种。扩大种养规模，改变种养模式，得到政府农业部门的大力支持。

3. 公司的经营方针、发展战略

依托科研机构，集中专家智慧，开发绿色种养模式，造福人类社会；公司的口号是：以最小的土地面积资源，创最大的经济效益。公司以绿色环保生产为宗旨；以市场需要为主导；以商业诚信为基调；以行业创新为理念；做强做大绿色城郊农业为目标。为取得社会效益与经济效益的双赢，公司加强了以下几个方面的工作。

(1) 整合已有资金和土地资源，充分利用好、管理好。

(2) 抓好品种的创新，提升产品质量。

(3) 在品质不断提高后，争创优质品牌。

(4) 提高员工素质，加强技能培训。

4. 公司人员及外部支持

(1) 公司经理。××，男，40岁。1998年起从事养殖和种植业并取得较好的经济效益。多次被农业部门选送农校培训；为人精明强干；性格谦逊；管理能力强，对所从事行业非常熟悉，有一定的人格魅力。

(2) 公司副经理。××，男，35岁，年轻力壮，富有朝气，头脑精明，具有开拓精神，特别在营销方面很有能力。

(3) 公司其他人员情况。公司现有员工15人，平均年龄40岁，其中管理人员2人。男性员工10人，女性员工5人，他们都是种养行业的能手。

第三章　产品介绍

1. 产品介绍

(1) 小龙虾。随着人民群众生活水平的不断提高，食品种类不断丰富，小龙虾是被广大市民及国际人士认可的不仅味美，而且是营养丰富的一种食品。因此小龙虾市场需求越来越大，养殖经济回报率高，一直以来都被养殖户看好。

(2) 蕹菜、竹叶菜等速生叶菜，种植周期短、茬口多，能及时轮作和及时补充市场需求，效益可观。

2. 产品特点

(1) 本公司建立在美丽的滠水河畔，远离工业和生活污染，坚持以绿色环保为理念生产。

(2) 严格地对农药、肥料及饲料进行把关，生产出的小龙虾个大、颜色红亮、味美可口。蔬菜品质优良，安全放心。

3. 行业和市场

(1) 行业介绍。××省是我国中部的农业大省，是中部崛起战略的中心省份，而××市是中部崛起的支点城市，因而

××市的快速发展成为中部地区，尤其是××省发展的重要标志。××市作为××省最大的城市，占据××省重要的经济地位，它的发展速度和程度可以直接为周边城市提供参照和机遇，发展农业产业化是××市解决“三农”问题的重要支点，同时，××市相关产业的发展不仅可以为当地人民带来福利，还可以拉动周边城市相关产业的发展。因此，都市农业的发展，特别是种养行业成为政府大力支持和大力扶持及推广的行业。

(2) 市场介绍。××市作为一个特大的城市，不仅常住人口多，而且流动人口也多，食品需求量非常大。本公司距市区不到十公里，市场行情信息畅通，绝大部分产品直接销往市区。

第四章　人员组合

1. 人员组成

经理—副经理—员工。

2. 人员职责

经理：负责管理公司全盘。

副经理：负责具体业务操作领导。

员工：所有员工服从组织。安排并办好份内每一件事。

3. 人力资源规划

本公司至2016年，副经理3名，员工达到30人。

4. 培训计划

通过有计划的系统培训，不断提高员工业务水平，比如岗前培训、业务培训、专业进修等。

5. 激励机制

按劳计酬，实行绩效与奖金挂钩机制；组织学习；报销本公司份内开销机制；评先进模范机制等。

第五章　市场预测

1. 市场分析

本公司的小龙虾有50%销往××市新世界水产品市场，约1万斤，金额10万元，50%直销××酒店，1万斤，金额10万元。

本公司速生蔬菜80%约70万斤销往××蔬菜大市场，营业额为56万元左右；20%（约18万斤）本地直销，营业额为18万元。

2. 市场的形成背景和发展速度及推动因素

本公司地处××市城郊，发展养殖小龙虾和种植蔬菜，其市场非常大而且稳定。

国际市场：欧美市场每年需消费淡水小龙虾12万~16万吨。而我国小龙虾每年出口一直保持在2万3万吨，因此淡水小龙虾的出口大有可为。

国内市场：淡水小龙虾在国内消费非常火爆，尤其以江苏南京最盛。“十三香龙虾”“水煮龙虾”“手抓龙虾”称誉大江南北。而××市的“油闷大虾”“虾球”等各种吃法也遍布整个城区。每年6—10月，仅南京每天消费小龙虾可达7080吨，这种消费正向全国大中城市蔓延，从目前国内形势看销售量在8万10万吨/年。

目前我国生产的小龙虾主要是克氏蟹虾，产量不高，但价格逐年上升。2005年市场零售8~12元/斤，2015年涨到12~18元/斤。预见以后还要上涨。

速生叶田菜以其生长快速能填补季节菜断档的空白。生产销售也一直非常好，价格也很可观。

综上分析，本公司将发展生产至2016年，养殖、种植面积都要在公司成立初期基础上翻一番。

第六章　营销方案

(1) 公司是独立经营性质，实行“贴近终端、服务营销、综合经营”的策略，快速做大做强。充分整合企业与市场资源，让利于民，实现市场的持续发展。创建服务营销为主题的营销模式，实现较高的市场增长。

(2) 以改善品质、发展品牌来提高知名度。

(3) 坚持绿色环保生产，实行质量跟踪和责任追究制度。

第七章　生产计划

1. 生产控制

(1) 小龙虾生产过程。整理虾池—放养种苗—饲养管理—捕捞—销售。蔬菜生产过程：整理上地—选种—育苗—栽培—管理—采摘—销售。

(2) 成本控制。公同采用小龙虾养殖饲料与天然草料混合饲养，蔬菜种植大量使用自然农家肥等控制成本。

(3) 质量控制。公司将坚持绿色环保为理念，坚决抵制激素饲料和违禁农药的使用，达到产品无污染，绿色无公害。

2. 生产类型

(1) 小龙虾生产技术。虾池底部挖井字形宽 1 米，深 1.5 米，并在池内设许多浅滩，以利于龙虾产卵。虾池周边加设防逃设备。

(2) 蔬菜生产技术。建设设施大棚，搞好茬口轮作，有效利用土地，同时加强病虫害的检测和防治。

(3) 加强员工技术培训工作。

3. 生产营业设施设备

土地微耕机 1 台，小龙虾池防逃设施、灌溉设备 1 套，小型农用运输车 1 台。

4. 供应情况

小龙虾种苗从农林科学研究所购进，饲料、蔬菜种子、肥料农药从××市场购进。

5. 技术保障

小龙虾养殖技术依托××区农业局水业部门专家作指导。实行全程记录生长情况，供专家参考指导。

蔬菜种植及病虫害防治，依托××市蔬菜技术服务总站、指导老师为高级农艺师×××。栽培指导老师为高级农艺师×××。

第八章 投资预算及利润分析

1. 阶段资金用途及金额

(1) 第一段虾池建设4万元，支付地租9 000元。

(2) 种植购置微耕机，灌溉设备10 000元，支付地租12 000元。

2. 近期产出预测

(1) 公司将在2014、2015两年内组建养殖分场、种植分场以及销售3个单位。

(2) 2014、2015两年内养殖销售额达到25万元。

3. 中长期产出预测

(1) 公司到2016年，养殖水面达80亩，销售额达到100万元。

指标		2010	2011	2012	2013	2014	合计
小龙虾	销售（千克）	10 000	12 500	15 000	20 000	30 000	875 000
	营业收入（元）	150 000	180 000	210 000	600 000	1 000 000	2 040 000
速生菜	销售（千克）	25 000	280 000	350 000	400 000	500 000	1 780 000
	营业收入（元）	125 000	336 000	525 000	640 000	1 000 000	1 626 000
总收入（元）		275 000	516 000	735 000	1 240 000	2 000 000	4 766 000

（续表）

指标	2010	2011	2012	2013	2014	合计
毛利润（元）	120 000	250 000	390 000	680 000	1 080 000	2 520 000
人员开支（元）						
净利润（元）	120 000	250 000	390 000	680 000	1 080 000	2 520 000

（2）种植速生菜面积扩大到120亩，销售额达到100万元。

4. 公司五年内投资和利润预测

第九章　风险预测

1. 技术风险

（1）小龙虾养殖技术已逐渐成熟，其种苗已通过科研部门研究并养殖出比野生小龙虾更优良的品种，它的饲料广泛，生长迅速，容易饲养。

（2）速生菜叶类生产已多年，品种也是不断更新，越来越优良，本公司依托××市蔬菜技术服务总站的技术指导，对蔬菜的病虫害适时监控与防治，产品质量、产量有保障。

2. 项目实施风险

本公司项目实施得到本地各级政府的大力支持，加上市场大量需求并不断上升，所以项目实施将顺利进行。

模块八　实施创业计划

创业计划书编制出来后，认真实施创业计划是十分重要的。实施创业计划时存在很大的风险，只有“知己知彼”，才能“百战不殆”，我们必须充分做好人、财、物、场地及相关手续准备。

第一节　确定经营方式

初创业者，规模不论大小，因为大有大的优势（大船抗风浪），小有小的好处（小船好掉头），但发展到一定程度之后，“航速”已经平稳，一切走上正轨，就不能不讲究规模与技术水平。否则永远只能在低水平上徘徊，自身难以发展。而在市场经济中，得不到发展常常也就意味着衰败的来临。

农民创业之初，企业的自身发展常常受到各种条件或因素的局限，规模与速度都很难尽如人意。偏偏小企业抗衡市场风浪的能力又非常孱弱，于是就陷入了一个怪圈：企业小，难抗风浪，困难多，发展甚至生存更艰难，困难更多。形象的说法叫做“穷人单吃水湿米”。

怎么解决这个难题？各地农民朋友已经想出了许多很好的办法。

一、股份制

就是大家各出股金，集中管理运作，共同投入于某一项目。等于是举全体之力，奋力一搏。

二、联营制

也称“公司 + 农户”。即对外是一个统一的公司，统一商标，统一营销，统购原材料，统一质量标准；对内实际上则是各家各户单独种植、养殖或加工制造，分批分类交售。

三、协会制

就是组建行业协会，由协会统一质量标准或营销价格，各会员则自行组织生产、销售。

以上方法各有不同的适宜对象。创业中的农民朋友们可以根据自己的情况来斟酌选择。

第二节 场地选择

1991 年 4 月 23 日，麦当劳在中国的第一个餐厅开业，由此创造了新的纪录，成为中国发展最为迅速、市场占有率最高的快餐食品。麦当劳的创始人曾经提到，商业成功中的 3 个首选条件就是“选址、选址，还是选址”。对于商业服务企业，只有选好址、立好地，才能立业、立命。有经验的企业家都能意识到选址定位的重要性。一些快餐业和超市连锁店经营失败的直接原因就是选址不当。

无论企业是刚刚开始，还是企业已经发展到成熟期，选址定位对企业的发展都是相当重要的。虽然选址要花费一定的精力、时间或费用，但是，如果能提高成功的几率，你所投入的一切完全是值得的。

创业者在立志创业以后，在确定创业目标、拟订创业计划、筹集创业资金等的同时，要考虑创业的厂（店）址问题。

对于任何企业，其所处的地理位置在很大程度上将决定企业能否成功，特别是所创企业从事零售业或服务业时店址更可能成为企业能否成功的关键。因此，创业者一定要慎重地选择企业的厂（店）址。

厂（店）址的选择与企业类型有关。开办工厂，要考虑生产必需的供水、供电、供气、通讯以及道路交通等问题。开办第三产业企业，要考虑方便顾客，着重考察客流量、进出口、供送货路径、停车场等情况。无论是办工厂还是办第三产业企业，都要考虑城市规划，不要在近期可能要拆迁的地段开办工厂或第三产业企业，要用发展的眼光考虑、分析问题。选址一般应遵循以下 5 个基本原则。

（1）比较优化原则。在选址时，应该利用他人的经验，对现有的企业进行比较分析。另外，要多渠道搜集信息。可以通过网上查询、行业组织协查、政府部门政策咨询、报纸杂志等途径收集信息，并进行细致分析，做出相应的决策。

（2）市场最优原则。寻找在都市化进程中能够自发形成商业活动的中枢热点，实现市场环境最优。

（3）经济分析有利原则。一般来说，经济投资的目的是创造利润，使资本增值。在投资期内纯利水平至少应达到银行利息的两倍，在投资期限内投资回报率应在 2. 5 倍以上。

（4）发展优势原则。现实的黄金地带，往往存在着激烈的市场竞争。一个具有长远的战略性目光的企业家，往往能够发现和挖掘被竞争者们忽视的市场，选择有发展机会的小城镇或在大城市的郊区建立起大型的批购折扣商店。

（5）特殊性原则。有些企业的选址，由于行业的特殊性，需要充分考虑环保、防疫等要求。

以下举例说明。

一是猪场场址选择。要求地形开阔整齐，有足够的生产经营土地面积。地势要较高、干燥、平坦、背风向阳、有缓坡。水源要求水量充足，水质好，便于取用和进行卫生防护，并易于消毒。水源水量要满足猪场生活用水、猪饮用及饲养管理用水。猪场对土壤的要求是透气性好，易渗水，热容量大，这样可抑制微生物寄生虫和蚊虫的滋生。土壤中某些化学成分不足也会造成疾病发生，如缺碘会造成甲状腺肿大，碘过多则会造成斑齿和大骨节病。

猪场场址既要交通方便，又要与交通干线保持距离。距铁道和国道不少于2 000～3 000米，距省道不少于2 000米，距县乡和村道不少于500～1 000米，距居民点距离不少于1 000米，与其他畜禽场的距离不少于3 000～5 000米。这样可降低生产成本和防止污染环境，减少疫病传播。周围要有便于生产污水进行处理以后排放的、达到排放标准的排放水系。

二是鸡场场址选择。远离公路主干道、居民区以及村庄，与其他养禽场距离1 000米以上。生活区和生产区（孵化、育雏、育成和产蛋期不同阶段的生产区）要严格分开，四周建立围墙或防疫沟、防疫隔离带，各区的排布主风方向不能形成一条线。在各生产区内净道和脏道分离，饲料、雏鸡从净道进入鸡舍，淘汰鸡、鸡粪从脏道运出。

第三节　企业管理

要创办农业创业企业从一开始就得规范，这样才能有生命力，赚钱才可持续，所以必须经行业许可、工商登记、税务登记、银行开户取得相关的资质后方可开业。

【案例】

农资批发公司的成立

陈某和刘某到工商局咨询后，两人商定，根据自己现有的实力，选择有限责任公司这个形式，因为相对其他组织来说，它的注册资金比较低，也比较适合他们。根据工商局提供的办理手续的程序，先到安监局办理了危险化学品经营证，到农业局办理了农药经营许可证，然后到工商局领取注册登记的相关表格和资料，办理了核准手续，接下来到银行开了验资账户，去会计事务所办理了验资证明，到工商局提出公司设立申请，最后领取了营业执照。然后，他们去刻了公司的公章、财务专用章等一些必需的印鉴，办好了代码证，去税务局办理了税务登记手续。这样，他们的农资批发有限公司成立了。

创办公司或企业，必须到工商局、税务局、银行等部门办理相关手续，取得合法的经营资格，才能将创业计划真正实施起来。

一、行业许可

创办农业企业需要农业（林牧渔业）、环境保护、食品药品等部门审批或核准的大约有如下几个方面：家庭农场、种畜种禽场；农药（兽药）化肥生产经营企业、饲料（添加剂、预混料）生产经营企业、动植物种子、种苗生产经营企业；占用林地、林区伐木、林区木材运输、林区木材经营加工、林木种子经营、林木种子苗木进口；渔业捕捞、渔船制造、渔船购置。

如果是建设项目，在建设前还得经环保部门进行环境影响评价，简称“环评”，建成后还要进行环境保护验收。此外，创办食品生产经营企业还需经过食品卫生管理部门许可。

例如，要开办一个种猪场，首先要经过环保部门的“环评”，然后报当地农业主管部门许可，拿到许可证以后，再履行工商登记、税务登记、银行开户等程序。在场建成之后，开始正常生产经营之前，因涉及种猪的生产经营，要得到当地农业主管部门的生产经营许可，如果种猪或种用遗传物质是从国外（境外）引进，还要通过省级农业主管部门报国家农业部批准。

二、工商登记

工商登记时应提交的材料如下。

（一）个体工商户登记

（1）个体工商户名称预先核准登记应提交的材料。个体工商户名称预先核准申请表；投资人身份证明。

（2）个体工商户开业登记应提交的材料。个体工商户申请开业登记表；开业申请书；投资人身份证明；经营场所证明；涉及前置审批的行业许可证或批准文件；名称预先核准通知书；其他有关文件、证件。

（二）个人独资企业登记

（1）个人独资企业名称预先核准应提交的材料。企业（公司）名称预先核准申请书；投资人的身份证明；投资人身份证复印件；申请企业登记授权委托书。

（2）个人独资企业开业登记应提交的材料。企业名称预先核准通知书；投资人签署的个人独资企业设立申请书；投资人身份证明；申请企业登记授权委托书；企业住所证明；涉及前置审批的行业许可证或批准文件；其他有关文件、证件。

（三）合伙企业登记

（1）合伙企业名称预先核准应提交的材料。企业（公司）

名称预先核准申请书；投资人的身份证明；自然人提供身份证复印件；申请企业登记授权委托书。

（2）合伙企业开业登记应提交的材料。申请企业登记授权委托书；全体合伙人的身份证明；全体合伙人委托执行合伙企业事务的合伙人的委托书；合伙协议；出资权属证明；经营场所证明；涉及前置审批的许可证或批准文件；其他有关文件、证件。

（四）有限责任公司登记

（1）申请名称预先核准应提交下列材料。有限责任公司全体股东签署的《公司名称预先核准申请书》；股东或发起人的法人资格证明或自然人身份证明；公司登记机关要求提交的其他文件。

（2）有限责任公司开业登记应提交的材料。公司董事长签署的《公司设立登记申请书》；全体股东指定代表或者共同委托代理人的证明；法律、行政法规规定设立有限责任公司必须报经审批的，还应提交有关的批准文件；公司章程；具有法定资格的验资机构出具的验资证明；股东的法人资格证明或者自然人的身份证明；载明公司董事、监事、经理的姓名、住所、履历的文件，公司董事、监事、经理委派、选举或者聘用的证明；公司法定代表人的任职文件或身份证明；企业名称预先核准通知书；公司住所使用证明；经营范围中有法律、行政法规规定必须经审批的项目，应提交有关的批准文件；其他有关文件、证件。

三、税务登记

守法经营、依法纳税是每个公民应尽的义务，需要说明的是，农业企业是免税或税收较低的，只有办理了税务登记手续，才能合法经营并取得税务发票。为保证生产经营活动顺利开展，生产经营者应在领取营业执照之日起30日内到税务机关进行税务登记。

（一）税务登记的内容及需要的手续

税务登记的内容主要包括工商户的名称、地址、经济性质、主管部门、生产经营范围、经营方式、资金状况、工商行政管理部门的工商登记证照号码、开户银行及账号等。

申报税务登记应提交下列手续：营业执照；有关合同、章程、协议书；银行账号证明；居民身份证、护照或其他合法证件；税务机关要求提供的其他合法证件和资料。

（二）税务登记程序

第一，申请办理税务登记。由纳税人，即生产经营者主动向所在地税务机关提出申请登记报告，并出示工商行政管理部门核发的工商营业执照和有关证件，领取统一印制的《税务登记表》，如实填写有关内容，经加盖印章后作为登记申报，报送主管税务机关。

第二，审核《税务登记表》。税务机关对纳税人的申请报告、税务登记表、工商营业执照及有关证件审核后，即可准予登记，并发给纳税人税务登记证。

第三，领取税务发票。已办理税务登记的纳税人，可向税务机关申请领购发票。纳税人提出购票申请，提供经办人身份证明，经税务机关审核后，发给发票领购簿。纳税人凭发票领购簿核准的种类、数量及购票方式，向主管税务机关领购发票。对应办理税务登记而未办理税务登记的纳税人，应补办税务登记手续。在取得税务登记证件之前发生的经营业务开具发票的，可到税务机关代开普通发票。

（三）纳税申报

纳税申报是纳税人为了正确地履行纳税义务，扣缴义务人为了正确履行代扣代缴、代收代缴义务，将发生的纳税事项或者代扣代缴、代收代缴事项向税务机关提出书面申报的一项法定手续。领到营业执照开始生产经营活动之后，在一定期限内就应该向税务机关申报。

四、银行开户

（1）开户与结算。在日常生产经营活动中，要经常与银行进行结算，以达到账账相符和账款相符，以利于更好地生产经营。比如出售商品后收取买方货款，购买原料需要支付卖方价款等。这些活动在金融行业中称为结算。结算有两种，一种是现金结算；另一种是非现金结算，也叫转账结算或票据结算。由于成交金额大，支付大量现金既不方便又不安全，因此，企业往往委托银行把货款从买方账户转到卖方账户，完成付款或收款行为。

（2）贷款。贷款一般有抵押贷款、担保贷款和信用贷款3种。

贷款合同内容包括借款用途、付款日期、还款期限、贷款利率、违约责任及借贷双方的权利和义务，有必要或有条件的要经公证机关公证。

银行提供贷款主要用于生产经营过程中所需的流动资金，而不准挪作他用。借款人未经银行同意擅自改变贷款用途，或把贷款用于垫交税款或管理费，或转借给他人的，均为挪用。

【案例】

下岗职工如何申请创业贷款

丁先生是上海一位下岗职工，住在农村，家里有一套房子，是1989年的，还有几亩地，现在想开个小卖部，拟申请2万元的创业贷款。

丁先生随后到银行进行咨询，银行工作人员对此进行了分析：丁先生想申请2万元的创业贷款，因为是下岗人员所以没有工作收入证明，无法申请个人信用贷款。丁先生有一套1989年的房子和几亩地，但是在上海地区，申请房产抵押，房龄必须在20年以内；如果申请土地抵押的话，必须要有土地证和产权证，但是丁先生的土地是属于集体性质的，所以不能用来作为抵押。

银行工作人员建议丁先生可以去寻找担保人申请担保贷款，担保人一般是经济能力比较强，拥有良好的个人信用，如教师、医生、公务员和事业单位工作者等。担保人的资质越好，那么丁先生可以获贷的额度就会越高。最后，丁先生考虑了自身的经济条件和其他种种原因之后，选择了第三方担保，通过一位公办教师的担保成功获贷2万元的下岗职工创业贷款。

五、择时开业

在做好以上各项准备工作以后，就可以择日开业了。开业期间的宣传、促销活动在很大程度上影响到厂（店）开业后的经营状况，因此，一定要做好开业的策划方案。

开业前的宣传造势很重要，可以通过媒体广告、品牌灯箱、广告礼品袋以及花篮、条幅等来烘托气氛，提高人气。所以选择开业的时期，一般要考虑有关部门人员是否有时间参加、天气是否晴朗、是否在节假日、是否在人流较多的日期、开张日居民是否喜欢等因素。

开业前对员工的动员、激励、教育和培训也要到位。对员工进行开业前的详尽培训，包括品牌背景、企业文化、产品知识以及礼貌用语、待人接物、行为举止等日常行为规范，以便更好地开展工作。同时要做好厂（店）内部的有效管理，以明确各自职责，确保开业成功。

模块九　创业风险规避

在市场化的今天，农业创业带头人是推进农村经济发展的杰出人才，是农民增收致富的领头雁。他们是农村改革的必然结果，同样也是现代农业和农村经济发展中的一支“不可替代的生力军”。可以利用当地的一些自然环境做适当的养殖或者结合当地的特殊资源做一些产品，推向市场。但在创业过程中，不能只看到成功，更要看到风险，才能提高创业成功的概率。

第一节　农业风险概述

“风险”一词的由来，最为普遍的一种说法是，在远古时期，以打鱼捕捞为生的渔民们，每次出海前都要祈祷，祈求神灵保佑自己能够平安归来，其中主要的祈祷内容就是让神灵保佑自己在出海时能够风平浪静、满载而归。他们在长期的捕捞实践中，深深地体会到“风”给他们所带来的无法预测、无法确定的危险，他们认识到在出海捕捞打鱼的生活中，“风”即意味着“险”，因此有了“风险”一词的由来。

一、风险

（一）风险的概念

风险就是生产目的与劳动成果之间的不确定性，大致有两层含义：一种定义强调了风险表现为收益的不确定性；另一种定义则强调风险表现为成本或代价的不确定性。若风险表现为收益或者代价的不确定性，说明风险产生的结果可能带来损失、获利或是无损失也无获利，属于广义风险。所有人行使所有权的活动，应被视为管理风险，金融风险属于此类。而风险表现为损失的不确定性，说明风险只能表现出损失，没有从风险中获利的可能性，属于狭义风险。风险和收益成正比，所以一般积极进取的投资者偏向于高风险，是为了获得更高的利润，而稳健型的投资者则着重于安全性的考虑。

（二）风险的特点

1. 风险具有客观性

风险是不以企业意志为转移，独立于企业意志之外的客观存在。企业只能采取风险管理办法降低风险发生的频率和损失幅度，而不能彻底消除风险。

2. 风险具有普遍性

在现代社会，个体或企业面临着各式各样的风险。随着科学技术的发展和生产力的提高，还会不断产生新的风险，且风险事故造成的损失也越来越大。例如，核能技术的运用产生了核子辐射、核子污染的风险；航空技术的运用产生了意外发生时的巨大损失的风险。

3. 风险具有损失性

只要风险存在，就一定有发生损失的可能，这种损失有时可以用货币计量，有时却无法用货币计量。如果风险发生之后不会有损失，那么就没有必要研究风险了。风险的存在，不仅会造成人员伤亡，而且会造成生产力的破坏、社会财富的损失和经济价值的减少，因此个体或企业才会寻求应对风险的方法。

4. 风险具有不确定性

风险是不确定的，否则，就不能称之为风险。风险的不确定性主要表现在空间上的不确定性、时间上的不确定性和损失程度的不确定性。

5. 风险具有可变性

风险的可变性是指在一定条件下风险具有可转化的特性。世界上任何事物都是互相联系、互相依存、互相制约的，而任何事物都处于变动和变化之中，这些变化必然会引起风险的变化。例如，科学发明和文明进步，都可能使风险因素发生变动。

二、农业风险

（一）农业风险的概念

农业风险，指人们在从事农业生产和经营过程中遭受到能够导致损失的不确定性，这种不确定性一般是难以预测的，即便可以预测，往往人力也无法抗拒。

农业作为基础产业，由于自身的弱质性和生产过程的特殊性，在整个再生产循环过程中面临着许多风险，是典型的风险产业。农业风险一般具有风险单位大、发生频率较高、损失规模较大、区域效应明显，而且还具有广泛的伴生性等特点。

（二）农业风险的特征

1. 农业风险的多样性

自然风险，指与农业生产密切相关的自然环境的影响，首先自然灾害对农业影响之大是其他行业不可比的。其次是市场风险，指农产品供求失衡导致的价格波动。农产品是一种特殊的商品，因而使得农业市场风险也具有十分明显的特殊性，如农产品需求弹性小，可替代性低和不可缺性，决定了农产品价值的实现较一般工业品的难度大，这使农产品的生产和经营总是处在一种边际效应上。最后是政策风险，指一个国家所执行的农业政策对农业发展的直接影响。农业是基础产业，重要性人们都十分清楚，但在国民经济发展中，“重农”或“抑农”就一直是困扰政策制定者的难题，使得国家农业政策在制定和执行中有时出现偏差。

2. 农业风险的分散性

农业生产地域广阔，农业风险有较强的分散特点：其一是农业经营多以家庭经营为主，不可能制定统一的衡量风险的标准和操作规范；其二是农业风险被千家万户分散承担，而单个农业经营者很难抵御农业频繁的风险袭击；其三是农业风险还具有十分明显的地域性。

3. 农业风险的季节性

农业相对其他行业，其经营特点带有明显的季节性。因此，农业风险多伴随着不同的季节出现和发生。这主要表现在：一是农业生产风险的时间性，错过季节，将给农业造成巨大损失；二是农业风险的集中性，受季节的影响。农产品进入市场表现出很强的集中性，同一品种的农业产品基本都在同时上市和下市，容易造成市场季节性饱和及季节性短缺，给农业经营者带来市场风险。

三、制度变迁对农业风险的影响

改革开放30多年来，我国目前正处于经济转型和社会转轨的特殊历史时期，经济社会发展的内外环境发生了一系列深刻的制度变化。制度变迁不仅改变了中国经济与社会发展面貌，也使我国农业生产和经营的微观基础与宏观环境产生深刻影响，进而也对农业风险产生较大影响。其主要表现在以下几个方面。

（一）市场风险日趋复杂

自改革开放以来，我国逐步推行的市场化取向改革有序推进，各种价格管制逐步放开乃至取消，农产品价格基本上由市场供求关系自发调节。这样一来，在农业生产和经营领域，从计划经济时代到市场经济体制的基本确立，市场风险经历了一个由无到有的过程。农业的市场风险效应完全显现出来。在经济全球化、市场国际化及贸易自由化的大背景下，我国农业不仅面临国内市场风险，还面对来自国际市场，诸如价格波动、政策调节、市场操纵等多方面的风险冲击，市场的不确定性空间增大，市场风险的累积效应将会明显增强。我国农业“小生产”与“大市场”的矛盾被进一步放大甚至激化，农业的市场风险因素日趋复杂，市场风险对农业生产和经营的影响将越来越突出，会逐渐成为主导农业风险的主要因素。

（二）各种风险因素参差交错

目前，我国正处于经济转轨和社会转型时期，各种来自体制内外、国内和国际的风险因素广泛类聚，农业面临着许多难以预期的各种风险。农业风险呈现多样化发展趋势，各种风险因素参差交错，更加重了其不可预期性。农业面临的风险种类繁多，且呈现日趋增长、多元化发展的趋势，各种风险相互联系、相互影响。农业风险的客观存在、多元化发展，使得农业经营面临着诸多不确定性。特别是伴随着信息社会的到来，农业风险的扩散和传递将更为迅速，这必然会影响到农业生产的正常发展和农民收入的稳定。我国农业生产和经营将会进入一个“高风险”时代。我国农业和农村的经济社会发展与世界经济和人类社会大环境变化的关系更为密切，开放型的农村经济发展除了要承受自然灾害带来的风险之外，还将承受更多的来自于市场、经济、技术和社会等各种不确定性及其风险的影响。而且这些风险因素经常会交织在一起，加大人们社会经济生活中的不确定性，将使农业风险的管理问题变得更为复杂。这也要求我们对农业风险进行有效管理，构筑系统的风险防范体系。

（三）农业风险管理模式走向市场化

人类社会生存和发展的历史，也是一部与风险不断博弈斗争的历史。在多年的实践经验中，我国社会传统的依靠政府援助与社会救济为主的风险管理模式已经越来越显露出其内在的局限性，这种依靠政府补贴的模式与市场经济的原则发生冲突。从国外的实践来看，农业保险和农产品期货是防范产量风险和价格风险的有效手段，对于农业风险管理具有重要意义。经过多年的不断探索，我国的农业风险管理市场从无到有，农业保险市场和农产品期货市场日趋壮大，初具规模，具备了大力发展的条件。我国已经具备了建立以市场导向为主的农业风险管理模式的基本条件。

（四）农业风险管理手段日趋多样化

相对于传统农业，现代农业是产业化、科学化、现代化的农业。发展现代农业，要用现代物质条件装备农业，用现代科学技术改造农业，用现代产业体系提升农业，用现代经营形式推进农业，用现代发展理念引领农业，用新型农民发展农业，从而提高农业水利化、机械化和信息化水平，提高土地产出率、资源利用率和劳动生产率，提高农业素质、效益和竞争力。现代农业在我国的发展已经稳步推进。在发展现代农业的过程中，人们逐步认识了农业风险，积累了许多农业风险管理的方法和手段。农业风险管理手段日趋多样化，如“订单农业”“合同农业”“垂直一体化”、种植业保险、养殖业保险、套期保值等农业风险管理手段纷纷呈现，丰富了我国农业风险管理的内容和方式。这为我们构筑现代农业风险管理体系提供了工具基础。

第二节　农业风险类别

风险按照产生原因可分为：自然风险、社会风险、政治风险、经济风险、技术风险；按照风险标准可分为：财产风险、人身风险、责任风险、信用风险；按照风险性质可分为：纯粹风险和投机风险；按照风险影响分类：基本风险、特定风险。农业企业的生产运营过程集自然再生产和经济再生产于一体，这导致农业企业面临的风险具有自身的行业特征。

一、农业风险的分类

（一）自然风险

农产品生产的周期性、自然灾害的客观存在、农业生产力水平较低，这些都会给农民带来风险。有些自然灾害是可避免的，有些是不可避免的，农民单家独户所面临的风险更大。这些自然灾害对农业产业公司的威胁可能会是带来灭顶之灾。自然风险主要划分为两个方面。

1. 自然资源风险

自然资源风险可以理解为正常条件下的自然环境风险。农业企业生产的自然特性与其所占用资源的量、质和地理位置都密不可分，并在很大程度上直接决定了农业企业经营业绩的好坏。在数量方面，相关资源的短缺（如水资源和土地资源）会严重影响农业企业的生产营运。在质量方面，环境污染对资源质量所带来的不利影响，会从根本上影响农业企业的经营效益。与此同时，资源的地理位置也直接决定了农业企业的营运成本，距离越远，运输成本越高，交通不便也会使成本提高。

2. 自然灾害风险

自然灾害风险可以理解为异常条件下的自然环境风险。由于农业的生产特性，自然因素对农业的影响相比其他行业更为敏感和严重。我国是世界上两条巨灾多发地带（即北半球中纬度重灾带和太平洋重灾带）都涉及的国家，气候变化大，灾害种类多且发生频繁，这些都给农业生产带来了巨大的损失。近年来，我国每年农田受灾面积达0.467亿公顷以上，受灾农作物面积占农作物播种总面积的20%～35%，造成粮食损失200亿千克。其中干旱、洪涝、冷灾、寒害是我国最主要的农业天气灾害。自然灾害一方面会影响农业企业的产量，另一方面还会影响农业企业的产品质量，这些都会增加农业企业的风险，造成农业企业效益不稳定。

（二）技术风险

技术风险，指由于农民缺乏农业技术或某些技术在应用后产生的不确定副作用，对农业生产经营活动所造成的损失。技术风险轻者可以造成减产、效益下降，严重者造成绝收，从而导致血本无归。

1. 农民技术水平的风险

农业的技术风险来自于农业技术经济绩效的不确定性、农业技术应用的复杂性和农民的素质状况。过去小农式自给自足的生产方式，靠“干中学”的经验来控制风险，这一问题尚不突出。但从20世纪80年代中期开始，高新技术农业开始出现，农业大量使用新设备、新技术，但技术服务队伍和组织机构缺位，新的农业技术推广体系还未完全形成。随着农业市场化步伐的加快，农民对科技的需求量大幅度增加，农业生产越来越依靠新技术、新产品，农业经营者的技术风险日益加大，对农产品质量标准、生态环境和能源的要求越来越高，经营这类产品的风险也在相对提高。

对新技术理解的偏差和操作的失误都可能对农业生产造成直接经济损失和灾难性的后果。例如，对家禽行业来说，疫病控制就是养殖成败的关键问题之一，只有解决了疫病问题，才能够保证产品进入市场、参与竞争。因此，在生产中所运用的疫病防控策略、措施和方法不得当，是产生经营风险的重要因素。

2. 农业技术适应性风险

每一项农业技术都对外界环境有较为严格的要求，这是技术的适应性特点。环境通常有两类：自然环境和社会环境，如遇自然条件发生变化不能满足其技术要求，则技术优势不能显现，其收益可能与预期的相去甚远，这里技术风险因自然风险而引起。自然再生产形成的风险，主要表现为气候变化、病虫害发生等因素对新科技成果采用后产生的影响。农业生产中引进的新作物、新品种科技含量高，经济效益好，但有时由于研究者缺乏全面系统的考虑，或由于研究条件的限制，在其推广应用过程中同时存在着风险。

（三）市场风险

农户还面临产品销售不畅、价格偏低、价格不稳定或者受到竞争对手的挤压而带来的市场风险。

1. 市场价格不确定性风险

随着计划经济体制向社会主义市场经济体制的转轨，在市场经济下，农产品的价格变化主要受供求关系影响。由于农产品受自然灾害、意外事故、种植结构等多种因素的影响，都有可能造成农产品市场供求的波动，导致价格的不确定性，使农业生产面临着风险。

2. 市场需求多样多变性风险

随着现代人们生活水平普遍提高，人们对农产品需求并不仅仅停留在追求数量的阶段，而转向数量与质量兼顾，并以质量为主的阶段，而且人们对农产品的市场需求弹性不足。

倘若农民不能依靠市场需求去组织生产，那么即使农业有较大幅度的增产，农民的收入仍不可能有很大的提高。农产品生产经营周期长，价格调节滞后，且需求弹性和收入弹性较小，如果农业生产者在趋同经济行为指导下盲目以价格作为调整生产的准则，很容易形成卖难、买难周而复始的恶性循环，导致农产品市场价格骤升骤降，生产随之大起大落，使得农产品市场风险程度明显加深。

3. 市场预测偏差性风险

因为农民掌握信息的局限性，农民对市场的判断、预测经常出现失误、偏差而造成无法挽回的损失。造成这种结果，一方面因为市场需求的难以预测性，另一方面因为农民自身思想意识和知识水平有限，对市场信息的分析和把控能力有限，而且农户多居住在乡村和边远地区，交通不便、信息不灵，又缺乏传导信息的各种组织，从而容易做出错误的预测和判断。

4. 农业宏观政策变动风险

政府所做出的各种农业经济政策及其稳定性，都会给农业带来不少风险，如农用生产资料价格失控及收购资金不能及时到位等。

（四）订单风险

农业订单是指农户根据其本身或其所在的乡村组织同农产品的购买者之间所签订的订单，组织安排农产品生产的一种农业产销模式。但是农民往往处在弱势群体的地位，由此产生了订单风险。

1. 农民违约的风险

在农业现代化过程中，农业订单的经营主体之间的联系或紧密或松散，而合同是受法律严格保护的。但是，如果缺乏浓厚的法律氛围和公民法律意识普遍淡薄，违约就会产生。在有的情况下，当签订合同后，如果市场价格高于合同价格，农民往往不将农产品出售给龙头企业，而是直接到市场上去出售，从而使签约的龙头企业遭受损失。由于这种行为通常涉及面很大，加之农民是弱势群体，在“法不责众”的惯例下，法律监督往往难以奏效。

2. 企业违约的风险

违约行为也在龙头企业身上时有发生，当市场价格低于合同价格时，龙头企业也可能违约，不按既定的合同收购经营主体的农产品，而到市场上去交易。而当企业不执行合约时，由于关系的作用和地方出于保护税源的目的，企业被惩罚的几率也相当小。这种合约中的“机会主义”行为严重地损害了农业创业者的运行效率，产生了很大的交易风险。

3. 自然灾害的风险

自然灾害风险表现在两个方面，一是影响产量，灾害造成的减产或不产，使得在订单履约期内，农户无法按订单要求提供出相应数量的农产品，进而也就谈不上履行订单合同；二是影响质量，旱害、冷冻害、病虫害等灾害在使产量受到影响的同时，也使农作物的品质出现下降，造成低质。而品质要求又往往是订单农业条款中的重要一项，企业在收购不到企业生产所需质量要求的产品时，自然就不愿意履约，致使订单违约。

4. 企业融资的风险

融资难、融资渠道不畅一直是农业企业发展的桎梏。当前，农业企业的资金来源主要还是靠自我积累和滚动发展，金融机构的信贷支持是很有限的，由于体制因素，使得银行对农业企业“惜贷”心理严重，同时也由于农业企业自身素质的缺陷，使银行对其贷款存在着诸多困难。一是农业企业一般高中小企业，往往缺乏足够的固定资产来做抵押，同时农业企业由于本身信用的缺失、担保体系的不健全造成企业寻求银行贷款的难度加大；二是农业企业经营透明度低，缺乏规范的会计制度，并且由于农业企业规模小、经营方式灵活、生产的不确定性大，银行不好固定跟踪，从而使得银行监督企业的成本高昂，致使银企间信息不对称，银行对贷款企业的监管困难；三是农业生产周期长、效益低、风险大等因素的存在，致使银行不敢也不愿意向农业企业贷款。在这些因素的共同作用下，银行更偏好于向大型的工业企业贷款，而不愿意向中小型的农业企业贷款，形成了农业企业融资难的症结。资金的缺乏，使农业企业在履行订单合约时常常处于有心无力的状态。“禁止向农民打白条”是国家为维护农民利益所再三强调的政策；同时，农户在履行订单合同时，看不到现金支付也不愿意将产品卖给企业。在这种情况下，订单合同也就成了一张废纸，违约现象也就随之发生。

（五）农资的风险

1. 来自非法经营者的风险

在农资销售旺季，一些不法商贩走村串户销售劣质农药、化肥，而农户出于便利、价格等因素经常会去购买；有些经营者还打着“科技下乡”“扶贫支农”的旗号销售劣质农资坑害农民。个别地区的不法分子采取地下流通、异地销售或者与监管部门打“时间差”“游击战”等方式逃避监管，我国农资经营行为有待进一步规范。

2. 来自虚假标识的风险

化肥有效含量不足、虚假标识等现象比较突出。有的不法分子利用虚假标识、偷减化肥有效成分含量等手法坑害农民，这是当前化肥造假的主要手段之一。一些不法分子还采用给化肥取个洋名字、标注国外企业名称监制或授权等方式，冒充进口化肥是近年来较为突出的现象，使农民群众混淆和误认。据调研，农民每年因假冒的农资造成的损失占农民年收入的10%～15%。

3. 产品使用的风险

农资商品标签和使用说明不规范现象比较突出，特别是农药标签无中文通用名称、无注意事项说明，农药毒性标志不规范、任意扩大防治对象等问题比较突出，加上农民缺乏对化肥识假辨假知识，对农产品质量安全构成潜在威胁。

4. 农资价格的风险

全国农资市场普遍涨价，生产资料的价格上涨吞噬掉了农产量和农产品价格上涨所带来的利润空间，影响农民增收和农民对农业的投入，带来了农业效益的波动，遏制了农业增效的潜力，农民经常会感受到涨价带来的压力。但要把涨价带来的压力转移到出售农产品的环节并不是一件容易的事情，农资价格上涨造成的损失约占农民年收入的13%。

（六）其他风险

1. 资产风险

目前农业市场化程度提高，在规模扩大的同时投入也增加，而农业投资具有锁定性，农业固定资产的专用性导致农业经营的风险，造成沉没成本加大，从而产生资产风险。比如投入建设一个养鱼池，就只能用来养鱼，要马上转作其他用途是不行的，那么养鱼池的成本就是沉没成本，具有不可逆性，这种永远无法回收的成本给农业企业带来了损失。

2. 观念风险

一般而言，管理者风险意识淡薄、忽视危机的征兆、不重视对风险的监测都是企业未能对不确定性做出恰当和及时的反应的原因。目前，我国大多数农业企业起步较晚，且以小型企业居多，对加强风险管理没有给予足够的重视。可以说，风险观念不强是农业企业不可忽视的一个问题。

二、创业风险产生的原因

（一）创业风险的来源

研究表明，由于创业的过程往往是将某一构想或技术转化为具体的产品或服务的过程，在这一过程中，存在着几个基本的、相互联系的缺失，它们是上述不确定性、复杂性和局限性的主要来源，也就是说，创业风险往往直接来源于这些缺失。这些缺失主要包括以下几种。

1. 资金缺失

有钱的创业不一定能够成功，而没有钱创业一定不能够成功。创业者可以证明其构想的可行性，但往往没有足够的资金将其变为创业现金。

2. 论证缺失

论证缺失主要是指创业者仅凭个人兴趣去研究和判断市场的潜力，当一个创业者认为某项技术突破可能产生某种创业机会时，他仅仅停留在自己满意的论证程度上。然而，在将创业预想真正转化为创业行为时，由于产品成本与预期收益的落差、实际消费和市场预期容量的落差等不确定因素，这种程度的论证便不可行了，这种论证的缺失导致了创业风险的产生。

3. 信息和信任缺失

信息和信任缺失存在于技术人员和创业者之间。也就是说，创办一个企业，需要不同类型的人一起共同合作，需要拥有技术人员、管理人员等。技术人员将会提供可靠的技术信息，管理人员将会采用一定的管理模式，两者在实际工作中有时会因岗位的信息差异而产生意见分歧。一个好的创业者需要具备专业知识、领导能力、创新意识、协作精神等多种素质，如果创业者某些方面的素质不具备或存在较大的欠缺，不能协调这些冲突，会增加企业的风险，增加失败的可能。如果技术人员和管理人员之间不能充分信任对方，或者不能够进行有效的交流，那么这一缺失将会变得更深，从而带来更大的风险。

4. 资源缺失

资源与创业者之间的关系就如同颜料和画笔与艺术家之间的关系。没有了颜料和画笔，艺术家即使有了构思也无从实现。创业也是如此，没有所需的资源，创业者将一筹莫展，创业也就无从谈起。在大多数情况下，创业者不一定也不可能拥有所需的全部资源，这就形成了资源缺失。如果创业者没有能力弥补相应的资源缺失，要么创业无法起步，要么在创业中受制于人。

5. 管理缺失

管理缺失是指创业者不一定是出色的企业家，不一定具备出色的管理才能。创业活动主要有两种：一是创业者利用某一新技术进行创业，他可能是技术方面的专业人才，但却不一定具备管理才能，从而形成管理缺失；二是创业者往往有某种“奇思妙想”，可能是新的商业点子，但在整体规划上不具备相应的才能，或不擅长管理具体的事务，从而形成管理缺失。

（二）农产品市场风险的成因

1. 农业自身弱质性的产业特征

无论是传统农业，还是现代农业，都是一个经济再生产与自然再生产相交织的过程，这个本质特性决定了农业具有天生的弱质性。首先，自然灾害可能对农业生产带来的损失是超出人们控制的；其次，多数农产品是鲜活产品，难以长期保存，如果滞销积压的情况就极易腐烂，给农业生产者带来损失；最后，农产品生产具有季节性特征，生产周期长，其供给调整远远滞后于市场的变化，这种不对称使农产品供给与市场价格的反应有时滞后，市场价格波动所造成的风险基本上由农业生产者承担。

2. 农产品市场存在着信息不对称

农产品市场中，蛛网效应的存在是必然的。市场信息不对称就是在交易过程中双方接受的市场信息不一致。造成市场信息不对称的主要原因是交易双方中的一方（三方中的两方）的主观故意，由此给经营者带来信息不确定性的风险。现代经济学证明，不确定性是影响人们经济行为和经济决策的重要变量，由于人们的风险偏好不同，人们对不确定性的不同判断，将会导致不同的行为预期和行为选择。市场交易的参与人数越多，信息就越不完备和不对称，道德风险、逆向选择、“搭便车”等机会主义行为发生的概率就越高。单个农户购买生产资料、销售自己生产加工（初加工）的农产品时，就面临着因为交易对象众多而带来的高度不确定性，而市场的不完整、市场信息不畅通、市场交易条件经常变化以及农产品市场的近乎完全竞争特征等，都在加剧这种不确定性的程度。

3. 小规模农业生产方式，缺失定价话语权

我国农产品市场一直处于一种“小生产、大市场”的状态，分散的小规模生产方式，决定了我国农民对农产品市场价格缺少影响力，农民成为农产品市场风险的主要承担者。农民缺少农产品价格谈判的优势，在市场竞争中处于不利的地位，这种情况下，农产品市场价格的决定权集中在少数经销者手中，农民只是价格的被动接受者。

以家庭小规模生产为主体的农户在信息不完全与信息不对称的双重制约下显得无所适从，从而降低了市场效率，弱化了农民的利益谈判地位。伴随着中国加入 WTO 与农业市场化开

放程度的不断提升，农业生产经营活动在获取了更广阔的市场空间的同时，将面临着更大市场波动的风险。而农业日趋明显的边际报酬递减趋势，使农业投入产出效率的获取面临着比非农业产业更大的市场风险。

4. 农产品流通环节价格的增加

随着市场经济的不断发展，农产品流通环节的专业化，减少了农民自销产品的时间和成本，在一定程度上解决了农民销售农产品难的问题，缩短了农产品流通周期。但是，这种传统的从产地批发到销地批发、再到零售的农产品流通渠道，存在着流通链条长、交易环节多、物流成本高的弊端。农产品流通领域的专业化发展趋势，将许多社会因素引入到农产品价格的形成体系中，某个环节的某一项成本发生变化，都会通过这个流通链条传递到最终的农产品价格上，从而造成农产品价格的形成存在着更多的不确定性因素，加剧农产品市场的风险性。

5. 国际国内市场变化

随着农业市场开放程度的进一步提高，市场空间范围不断扩大，市场领域不断扩充，市场交易内容不断丰富和更新，因此很容易分担由世界市场波动引发的风险。加入 WTO，除了机会，我们还将面临更多的挑战，农业市场风险也会增加。

6. 农业生产周期长，价格调节滞后

农业生产周期长，生产决策与产品销售在时间上被分割，农产品受市场变动影响的供求变化往往需要一个过程，决定了农业生产对市场变化的适应能力差，容易遭受市场风险。当农产品供不应求或供过于求时，潜在的供求均衡绝对先于市场上的供求均衡，而只要潜在的供求均衡先于市场上的供求均衡，就一定有供给大于需求或供给小于需求的可能。所以，只要生产调整需要一定时期，价格调节滞后性就无法消除。价格调节滞后是造成农业生产周期波动的根源，而价格风险也因此成为农业市场风险的“凝聚物”和“承载体”。

7. 农产品加工环节薄弱

在农产品集中上市时，容易发生供过于求的现象，这样大量的农产品就会出现积压，而像水果、肉类等农产品又不容易保存，由此产生的市场风险会给农民造成很大的损失（图 9－1）。如果能够把更多农产品用于保鲜贮藏和加工转化，再根据市场需求均衡上市，不仅能扭转收获季节集中上市引发的卖难问题，而且还可增加水果的附加值，由此来减缓市场风险，增加农民收入。据统计，我国果蔬由于贮藏、加工水平低，产后损耗一般达到25%～30%，高于发达国家5%的平均水平。

图 9－1　农产品加工

第三节　农业创业风险规避

一、农业创业风险管理概述

（一）农业风险管理的概念

农业风险管理是指运用适当的手段对各种风险源进行有效的控制，以减少农业的波动，并力图以最小的代价使农民获得最大的安全保障的一系列经济管理活动。农业风险管理既是影响农业发展以及国民经济发展状况的一个基本管理范畴，也是现代农业生产活动中一项不可或缺的组成部分。其主要功能有两个：一是减少农业风险发生的可能性；二是降低农业风险给农民造成意外损失的程度。

农业风险管理措施可以从不同的角度进行分类。从管理层次上，可以分为微观的风险管理措施和宏观的风险管理措施；从管理方法上，可以分为经济类管理措施和物质技术类管理措施；从风险来源上，又可以分为自然风险类管理措施和市场风险类管理措施。

（二）农业风险管理体系的基本结构

农业风险管理体系必须建立在整个农业产业链中，从农业生产前，到农业生产中，再到农业生产后，各个环节之间的风险管理措施需要有效协调。不同产业链环节的主要风险存在一定的差异，而且风险的作用方式也不相同。通过剖析不同风险的作用机制，寻求有针对性的管理方式然后科学地进行风险管理方式组合，最终实现有效风险管理的目标。风险管理方式的选择必须满足三个要求：一是有针对性地解决该环节的主要风险；二是保证该环节风险管理方式之间的协调；三是实现与其他环节风险管理方式的关联。当然，具体实施时要充分考虑到不同农产品产业链的差异，以保证风险管理体系的有效运作。

1. 产前环节

农业产业链的产前环节主要指农业生产前期的准备和投入阶段，包括生产资料的供应，如种子、化肥以及农户决策和预期，如种植结构、方式等。该环节主要风险是市场风险和资产风险。产前环节的风险管理方式可考虑生产资料补贴、供应链体系、信息服务等。生产资料补贴稳定了农户的购买能力，缓解了价格波动的冲击；供应链体系保证了购买渠道，降低了交易成本。生产资料补贴可利用供应链体系以降低操作成本、提高补贴效率，而信息服务作为软要素也可与供应链体系结合，保证了风险管理方式之间的协调；生产资料补贴通过稳定农户投入，能够提高农业保险的需求，供应链体系能够带动技术推广体系的完善，实现了与产中环节风险管理方式的紧密联结。

2. 产中环节

农业产业链的产中环节指农业基本产品的生产过程，包括自然作用，种植管理，如田间管理以及技术投入，如抗病虫害技术应用等。该环节的主要风险是自然风险和技术风险，同时也受到资产风险等影响。产中环节的风险管理方式可考虑农业保险、技术推广和服务体系、风险基金等。农业保险结合农业风险基金以重点应对自然风险，技术推广和服务体系用来稳定农业技术的供给、降低技术风险的冲击。风险基金可协调农业保险的政策性问题，技术推广和应用则能推动农业保险的创新、提高农业保险的需求；风险基金也可配合新技术的推广和应用；农业保险通过稳定收益水平以保障产后环节中套期保值的顺利实施，技术的推广则为订单农业提供了基本条件，而风险基金与价格支持相互协调以实现风险管理的低成本和高效率。

3. 产后环节

农业产业链的产后环节指农业基本产品的销售、流通、加工以及产业链的延伸过程。该环节主要风险是市场风险和制度风险，同时也受到资产风险等的影响。此外，农业企业作为这一环节的重要生产主体，还将面对一般企业的潜在风险。产后环节的风险管理方式可考虑期货市场和基金、订单农业、价格支持等。期货市场可转移市场风险，同时可考虑创立政府引导型的期货投资基金来解决分散农户利用期货市场的困难；价格支持体系的建设推动农业支持政策的完善，并为制度风险的应对提供借鉴；订单农业能够保障农业企业套期保值的顺利实施，也使农户间接利用了期货市场。套期保值锁定的价格降低了订单农业的违约风险，价格支持也能很大程度上保证订单农业的稳定运行，并能够与下一周期的生产资料补贴相互协调。订单农业可以利用产前环节的供应链体系并为其完善提供引导。期货市场和基金通过转移价格风险、稳定农业收益、提高农业生产者“净值”，降低了产中环节农业保险的道德风险，并为农业保险的设计和优化提供了条件。

（三）中国农业风险管理面临的困境及其原因

我国存在着农业高风险与农业风险管理低效率的困境。农业风险表现出自然风险、市场风险、制度风险、技术风险和资产风险等复杂性。然而，农业风险管理却面临一系列的困难。

农业保险存在外部性、道德风险和逆向选择、农业系统性风险以及商业保险与政策性保险边界不清等问题。灾害救济是当前我国农业风险处理方式中最为普遍的形式，但它存在事后性的局限。价格保护、农业补贴作为稳定农业发展、降低农业风险的措施正在逐渐被利用，但其基本出发点不是应对农业风险。期货市场受效率水平、农业生产者的参与难度等因素影响，难以充分发挥其风险转移的作用。订单农业作为一种风险转移措施，也表现出直接或间接的缺陷。订单农业中，农户不履约或企业拒收、压级压价及拖欠贷款等造成信用风险，而农业专用性资产的投入则导致“敲竹竿”问题，使农业陷入更大的风险中。此外，还有一些其他的农业风险管理方式被尝试或研究，如紧急贷款、信息服务、基础设施建设、研究和推广新品种及多样化种植等，但总体的效率不高。中国农业风险管理面临困境的原因如下。

1. 农业风险类型的关联性

不同类型风险之间以复杂的关联性作用于整个农业生产经营过程。干旱、洪水等自然风险直接导致农业产量和质量下降，从而影响市场供求平衡，推动农产品价格的波动，市场风险加大；市场价格波动会作用于政策的制定，而制度变迁能否符合客观需求的不确定性会增强制度风险，如我国粮食流通体制的反复便是在粮价波动下催生的；技术创新和应用自身具有风险的同时，一方面会传递给市场风险，另一方面也可能推动制度变迁，如转基因农产品会通过产量的增加影响价格，并可能带来农产品安全和市场准入制度的变化；资产风险会影响农户的投资决策，改变他们的市场参与方式，同时专用性资产带来的问题也会刺激技术和制度的变迁。

2. 农业风险管理方式的孤立性

农业风险管理方式基本处于相互孤立的状态，缺乏一定的协调性和关联性。如果单独处理一种农业风险，相对应的风险管理方式也许能产生有效的作用，但由于风险之间复杂的相互作用会使某种风险放大，在此情况下孤立的风险管理方式将表现出低效率。仅仅针对某种程度的市场风险，价格支持措施可能会较好地稳定市场，但当面临自然风险的冲击时，仍保持原来的价格支持水平，将难以得到预期的效果；在一定的制度环境下，某一风险管理方式能够稳定农业投入和生产，但当制度变迁发生后，它的有效性则可能会受到影响，如土地承包经营制度的变化可能会削弱生产资料补贴和技术推广的效果；市场波动状况变化，制度的有效性和稳定性也可能会受到影响，如粮食直补政策的效果将被生产资料价格波动大幅度削弱，这政策稳定性将受到冲击。

3. 农业风险管理方式与风险防范的排斥性

在一定条件下，农业风险管理方式与农业风险防范可能会存在内在的排斥性，甚至会放大某一风险对农业的冲击，或者说农业风险管理方式自身也存在着风险，即“农业风险管理方式的风险”。当面对自然风险而孤立采用灾害救济时，很可能会由于道德风险和逆向选择的问题而改变农户的决策行为，从而导致资产风险的上升；为降低市场风险而采取的价格支持措施有可能会改变政府政策选择偏好，带来制度变迁的不稳定，如最低收购价可能会阻碍农产品流通体制改革的稳定实施；为降低技术风险而加大技术投资和推广力度，有可能会带来农产品价格的更大不确定性以及农产品市场制度的不稳定。农业风险类型的关联性与风险管理方式之间的孤立性是导致我国农业风险管理困境的根本原因，认清这一根源是解决困境的前提。

现代产业组织理论认为，将从事农业生产、加工、流通、科研、推广以及相关领域的企事业单位和个人联合起来，形成“风险共担，利益共享”环环相扣的产业链，可以极大地提高农业产业化组织程度，增强市场竞争力，保护和提升我国的农业产业。在该产业链中，生产和加工（流通）两大环节最为关键，农户和加工（流通）企业合作的紧密度决定了整个农业产业的组织化程度。具体而言，在政府、协会以及各种农业合作组织的统一协调下，广大农户与农产品加工（流通）企业通过合同或契约结成一体化组织，农产品加工（流通）企业向农户提供良种、化肥、农药和技术服务，农户严格按照农产品加工（流通）企业规定的生产流程和技术要求进行生产，并向其供应保质保量的农产品，农产品加工（流通）企业按照约定的价和量与农户进行交易，这种合作越紧密，组织化程度就越高，市场竞争力就越强。然而，这种合作的紧密性和持续性，决定于是否建立在公正、公平和对等原则基础上的利益共享和风险共担的有效制度和机制。而我国小规模农户极其脆弱的风险承受力和农产品加工（流通）企业有限的抗风险能力，加之农业产业高风险特征和中国农业产业有效风险管理工具的缺失，使得农产品生产农户和加工（流通）企业在遭遇较大风险冲击时，为了自身生存和利益而常常违约，使这种一体化组织变得相当脆弱，农户和加工（流通）企业可以“利益共享”，却很难“风险共担”。

农业产业所面临的最主要风险为自然风险和市场风险。在市场经济发达国家，自然风险的有效管理工具是作物保险，作物保险将生产者遇到的自然灾害风险分散给众多的投保者；市场风险的有效管理工具是订单农业（营销合约）和期货市场，订单农业将生产者面临的市场风险转移给购买产品的贸易商和加工企业，而贸易商和加工企业又可以通过期货市场将这些市场风险转移或分散给市场中的投机者，期货市场中众多的投机者愿意在冒巨大风险的同时享有巨额利润。市场发达国家成熟的风险管理工具和完善的风险管理体系保证了农业产业中各类生产经营主体紧密及稳定的合作关系。而我国由于相关风险管理工具缺失且不规范，农户在遭遇自然灾害风险后常常无力进行灾后重建，在无保险情况下也很难得到安全性要求。面对市场风险，近年来一些农户也利用订单农业方式试图将风险转移给贸易商或农产品加工企业，由于国内农产品贸易商和加工企业普遍缺乏市场风险（包括国内和国际市场）、管理意识和管理经验，无法利用期货市场这一现代市场风险管理工具转移和分散风险，也没有行业性管理机构从产业链角度进行一体化风险管理的设计和指导，当市场发生不利于自身的变动后，农产品加工企业要么履约后蒙受巨大损失甚至破产，要么只能通过拒收、压级压价、拖欠货款等方式将风险转嫁回广大农户，违约而失信于农，使双方关系破裂。因此，在农业产业风险管理工具缺失和一体化风险管理体系缺乏状况下，最终只能导致农户和农产品加工（流通）企业“风险自担，利益独享”，农户和加工（流通）企业无法成为真正意义上的一体化组织，农业风险管理自然会陷入“非不为也，实不能也”的窘境中。

二、农业创业风险的识别

（一）风险识别的概念

风险识别是指在风险事故发生之前，人们运用各种方法系统的、连续的认识所面临的各种风险以及分析风险事故发生的潜在原因。风险识别过程包含感知风险和分析风险两个环节。

（1）感知风险。即了解客观存在的各种风险，是风险识别的基础。只有通过感知风险，才能进一步在此基础上进行分析，寻找导致风险事故发生的条件因素，为拟定风险处理方案，进行风险管理决策服务。

（2）分析风险。即分析引起风险事故的各种因素，它是风险识别的关键。

（二）风险识别的内容

1. 环境风险

环境风险是指由于外部环境意外变化打乱了企业预定的生产经营计划而产生的经济风险。其一般有：①国家宏观经济政策变化，使企业受到意外的风险损失；②企业的生产经营活动与外部环境的要求相违背而受到的制裁风险；③社会文化、道德风俗习惯的改变使企业的生产经营活动受阻而导致企业经营困难。

2. 市场风险

市场风险是指市场结构发生意外变化，使企业无法按既定策略完成经营目标而带来的经济风险。其主要有：①企业对市场需求预测失误，不能准确地把握消费者偏好的变化；②竞争格局出现新的变化，如新竞争者进入所引发的企业风险；③市场供求关系发生变化。

3. 技术风险

技术风险是指企业在技术创新的过程中，由于遇到技术、商业或者市场等因素的意外变化而导致的创新失败风险。其原因有：①技术工艺发生根本性的改进；②出现了新的替代技术或产品；③技术无法有效地商业化。

4. 生产风险

生产风险是指企业生产无法按预定成本完成生产计划而产生的风险。产生的因素有：①生产过程发生意外中断；②生产计划失误，造成生产过程紊乱。

5. 财务风险

财务风险是指由于企业收支状况发生意外变动给企业财务造成困难而引发的企业风险。

6. 人事风险

人事风险是指涉及企业人事管理方面的风险。

（三）风险识别的原则

1. 全面周详的原则

为了对风险进行识别，应该全面系统地考察，了解各种风险事件存在和可能发生的概率以及损失的严重程度，风险因素及因风险的出现而导致的其他问题。损失发生的概率及其后果的严重程度，直接影响人们对损失危害的衡量，最终决定风险政策措施的选择和管理效果的优劣。因此，必须全面了解各种风险的存在和发生及其将引起的损失后果的详细情况，以便及时而清楚地为决策者提供比较完整的决策信息。

2. 综合考察的原则

风险损失一般分为三类：一是直接损失；二是间接损失，间接损失有时候在量上要大于直接损失；三是责任损失，它是因受害方对过失方的胜诉而产生的。风险损失要从这3个损失综合考虑，忽视任何一个损失，都可能造成被动。

3. 量力而行的原则

风险识别的目的就在于为风险管理提供前提和决策依据，以保证企业、单位和个人以最小的支出来获得最大的安全保障，减少风险损失。因此，在经费限制的条件下，企业必须根据实际情况和自身的财务承受能力，来选择效果最佳、经费最省的识别方法。企业或单位在风险识别和衡量的同时，应将该项活动所引起的成本列入财务报表，做综合的考察分析，以保证用较小的支出，来换取较大的收益。

4. 科学计算的原则

对风险进行识别的过程，同时就是对生产经营状况及其所处环境进行量化核算的具体过程。风险的识别和衡量要以严格的数学理论作为分析工具，在普遍估计的基础上，进行统计和计算，以得出比较科学合理的分析结果。

5. 系统化、制度化、经常化的原则

风险的识别是风险管理的前提和基础，识别的准确与否在很大程度上决定风险管理效果的好坏。为了保证最初分析的准确程度，就应该进行全面系统的调查分析，将风险进行综合归类，揭示其性质、类型及后果。如果没有科学系统的方法来识别和衡量，就不可能对风险有一个总体的综合认识，就难以确定哪种风险是可能发生的，也不可能有较合理的选择控制和处置方法，这就是风险的系统化原则。同时，由于风险随时存在于单位的生产经营活动过程之中，所以风险的识别和衡量也必须是一个经常化的、制度化的过程。

（四）风险识别的方法

现在使用的风险识别方法，可以分为宏观领域中的决策分析（可行性分析、投入产出分析等）和微观领域的具体分析（资产负债分析、损失清单分析等）。

1. 生产流程分析法

生产流程分析法，又称流程图法，在生产过程中，从第一环节到产品完成的过程。该种方法强调对每一阶段和环节逐个进行调查分析，找出风险存在的原因。

2. 风险专家调查列举法

由风险管理人员对该企业、单位可能面临的风险逐一列出，并根据不同的标准进行分类。专家所涉及的面应尽可能广泛些，有一定的代表性。一般的分类标准为：直接或间接，财务或非财务，政治性或经济性等。

3. 资产财务状况分析法

即按照企业的资产负债表及损益表、财产目录等的财务资料，风险管理人员经过实际的调查研究，对企业财务状况进行分析，发现其潜在的风险。

4. 分解分析法

分解分析法，指将一复杂的事物分解为多个比较简单的事物，将大系统分解为具体的组成要素，从中分析可能存在的风险及潜在损失的威胁。

5. 失误树分析法

失误树分析方法是以图解表示的方法来调查损失发生前种种失误事件的情况，或对各种引起事故的原因进行分解分析，具体判断哪些失误最可能导致损失风险发生。

6. 环境分析法

即通过对企业内外部环境的分析，明确机会与威胁，对比企业的优势和不足，找出这些环境可能引发的风险和损失。其重点是分析环境的不确定性及变动趋势给企业经营带来的风险以及环境中的变动因素的相互作用给企业的经营效果带来的影响。

三、农业创业风险的防范

风险防范的目的就是，通过有意识、有组织、有计划的行为，来防范风险产生的损失，削弱损失发生的影响程度，以获得最大利益。在农业创业风险中，自然风险占农业经营风险的25%左右，市场风险约占40%，技术风险约占25%，其余风险约占10%。要想规避农业创业风险，创业者要做好以下几点。

（一）树立危机意识

危机意识是一种前瞻意识。有危机意识，才能保持清醒头脑；有危机意识，才能防患于未然。近年来，自然灾害的频发、农产品市场价格的异常、农资市场监管失控等自然和社会因素都给农业创业带来风险，对创业者来说，时时刻刻都要有危机意识，有危机意识才能规避风险。

（二）把优惠的农业政策资源用足

在一定程度上农业政策具有公共产品的性质，利用好农业政策平台是农业创业者必走的“捷径”，2003年以来，我国按照“多予、少取、放活”的方针，出台多项农业政策，如专项资金扶持政策、保险政策、补贴政策等，具体包括农作物保险、能繁母猪保险、粮食直补、农资综合直补、水稻良种推广补贴、油菜良种推广补贴、大型农机具购置补贴等政策。

（三）成立农民专业合作组织

在激烈的市场竞争中，农业是一个弱势产业，农民是一个弱势群体，为了降低生产成本，提高盈利水平，就需要通过合作联合起来，借助外部交易规模的扩大，节约交易成本，提高在市场竞争中的地位，使产品按合理价格销售。同时，还可通过扩大经营规模，提高机械设备等的利用率，寻求规模效益。规模的扩大可带动地方经济的倍增效应，市场的运作者可以在更大范围内稳定农产品的价格，争取市场谈判的主动权。农业合作经济组织按照合作的领域可以分为生产合作、流通合作、信用合作和其他合作，提高千家万户的小生产者在千变万化的大市场中的竞争能力和经济效益。

目前，运作比较成功的模式——“公司 + 农户”模式，是一种化解农户市场风险的组织制度创新。实行“公司 + 农户”的模式之后，农产品的市场化运作使由农产品的自然秉性所引起的价格波动得到一定的制约。单个农户的市场风险通过一体化企业的统一加工、集中销售，得到大幅度减小。在行情不看好的情况下，由公司承担全部的市场风险，农户只要抓好生产就可以得到稳定的收入。所以，目前“公司 + 农户”的模式值得农业创业者去体验。

（四）寻求与名优企业的市场协同

协同是指各方面相互配合，协助完成某项事情。企业通过市场协同可以实现低成本、高效益运作，从而降低风险。协同效应就是指企业之间在生产、营销、管理等环节，从不同方面共同利用同一资源而产生的整体效应。俗话说“一根筷子轻轻被折断，十双筷子牢牢抱成团”，就是指企业善于通过市场协同作用达到扩大规模、开拓市场、降低经营成本和经营风险的目的，延长企业的寿命。

1. 品牌租用

许多农产品在交易过程中都遭受到冷遇，出现卖难问题，其中原因除了季节和贮藏能力外，更主要的是当前农产品最缺乏的是销售的主营渠道，要把优质的农产品打入市场的主营销售渠道，品牌的知名度就成为农产品销售的关键因素。借助优势企业激活弱势企业，通过市场协同与名牌产品合作经营，农业企业利用其他企业在消费者心目中的地位寻找最佳的销售渠道，通过扩大生产规模、大力度开发市场来打造品牌的知名度，完成市场开发和拓展的业务，这是提升产品市场适应能力的关键。

2. 品牌延伸

企业对已实现的某个品牌资源的充分开发和利用，使名牌的生命不断得以延长，品牌的价值得以增值，品牌的市场份额不断扩大。

3. 品牌扩展

企业利用其成功品牌的声誉来推出改良产品或新产品，包括推出新的包装规格、香味和式样等，以凭借现有名牌产品形成系列名牌产品的一种名牌创立策略。随着农产品市场体系的不断完善以及企业应对市场风险能力不断提升，价格波动这种一般意义的市场风险对农业企业的影响力度正在不断减弱。

（五）走可持续的发展道路

企业的可持续发展就是既要考虑当前发展，又要考虑未来发展，不能以牺牲后期的利益为代价，换取现在的发展，满足眼前的利益。农业企业的可持续发展表现为经营活动中若干生产要素的发展，从整体的角度表现为持续盈利（在一段时间内总体盈利），通过外在技术的“内化”过程克服“水土不服”，“渐进式”地实现企业由量变到质变的过程，以更好地抵御技术风险。

（六）走多元化的发展道路

即充分利用生产和加工相关程度较低的农业和农副产品，

以分散风险。通过进行投资组合，达到在相同期望收益情形下组合风险最小或相同组合风险情形下期望收益最大的目的。在发展产品的时候，既不能“单打一”，也不能把企业所有盈利空间寄托在一种产品上面。在理财界有一条“定律”：不要把鸡蛋都放在同一个篮子里，因为当我们把所有的鸡蛋都放在一个篮子里，篮子失手掉在地上的时候，所有的鸡蛋都遭殃。所以，在农业企业成长的过程中，发展系列化产品组合很有必要。像我国不同地区的“四位一体”“三位一体”的经营模式，“猪—沼—花”“猪—沼—菜”生态农业模式，“大棚草莓山羊复合种养模式和技术”，都是多元化的发展模式。

但是，走多元化发展道路，不能“眉毛胡子一把抓”，要学会抓关键，把“厚利产品”作为重点，进行重点发展。培育“明星产品”市场成长性好的产品，使其尽快成长为“厚利产品”，同时要善于淘汰“鸡肋产品”，善于多样化搭配，分散经营风险。

（七）延长产业链

在农业的经营过程中，将整个农业生产过程分为产前、产中和产后 3 个环节，将不同类型风险在整个链条中进行分解，通过明确不同环节的主要风险类型及其作用机制，寻求不同的管理方式，实现降低农业企业风险的目的。

例如，建立基地养殖户联合体，可以为当地群众提供品种改良、生产技术、科技普及、加工销售等“一条龙”式的服务。其优势是可以把原来的“多（生产者）多（购买者）”交易变成“一（公司）多（农户）”交易，可以实现“自助”服务，而不受外部供应商的控制。基地养殖户通过联合经营、共同服务而形成的利益共同体，可以推动当地养殖业向良种化、规模化、产业化方向发展，

总之，农业创业风险具有客观性、多样性和隐含性，农业

企业经营主体应针对不同风险，采取不同措施，有效地化解和规避风险。同时更需要针对风险因素进行系统分析，采取综合预防措施控制风险，将风险转化为机会。在风险发生时，要使用法律手段保护自己的合法权益，这对于增强农业企业经营的运营效率和化解、规避风险至关重要。

四、规避农业企业的风险

农业企业应结合实际情况确定适当的风险应对策略。风险应对策略可以分为规避风险、减少风险、共担风险和接受风险四类。针对没有超越自身风险容忍度的事项，农业企业可以采取风险接受策略，例如对一定的自然灾害风险的承受；而在迫不得已时，农业企业则采取规避风险策略，这主要是指撤出高风险领域。总体而言，农业企业最主要的风险应对策略是减少风险和风险共担。

减少风险和共担风险策略可以从战术和战略两个层面进行。在战术层面，农业企业可以采用订单农业、期货工具（包括天气期货）、保险（含产量保险和收入保险等）和控制财务杠杆等措施。在战略层面上，农业企业可以采用多元化和产业链风险管理措施。多元化风险管理措施是指充分利用生产和加工相关程度较低的农业和农副产品以分散风险。通过进行投资组合，达到在相同期望收益情形下组合风险最小或相同组合风险情形下期望收益最大的目的。产业链风险管理措施是指通过将整个农业生产过程分为产前、产中和产后 3 个环节，将不同类型风险在整个链条中进行分解，通过明确不同环节的主要风险类型及其作用机制，寻求不同的风险管理方式，然后进行有效的风险组合管理，实现降低农业企业风险的目的。对农业企业而言，以上战术和战略两个层面的措施应该结合使用。

模块十　农业保险选择

国务院2012年11月颁布《农业保险条例》（以下简称《条例》），明确对符合规定的各种农业保险由财政部门给予保险费补贴，并建立财政支持的农业保险大灾风险分散机制。该条例于2013年3月1日起施行。

据专家介绍，农业保险，是指保险机构根据农业保险合同，对被保险人在种植业、林业、畜牧业和渔业生产中因保险标的遭受约定的自然灾害、意外事故、疫病、疾病等保险事故所造成的财产损失，承担赔偿保险金责任的保险活动。《条例》的实施将填补《农业法》和《保险法》未涉及的农业保险领域的法律空白，对确保我国粮食安全意义重大。《条例》明确规定，农业保险实行政府引导、市场运作、自主自愿和协同推进的原则，进行保险活动的保险机构包括保险公司以及依法设立的农业互助保险等保险组织。《条例》还明确，国家支持发展多种形式的农业保险，健全政策性农业保险制度。由国务院保险监督管理机构对农业保险业务实施监督管理。国务院财政、农业、林业、发展改革、税务、民政等有关部门按照各自的职责，负责农业保险推进、管理的相关工作；财政、保险监督管理、国土资源、农业、林业、气象等有关部门、机构应当建立农业保险相关信息的共享机制。

第一节　农业保险的概述

一、农业保险的概念

农业保险是指专为农业生产者在从事种植业和养殖业生产过程中，对遭受自然灾害和意外事故所造成的经济损失提供保障的一种保险。

农业保险是市场经济国家扶持农业发展的通行做法。通过政策性农业保险，可以在世贸组织规则允许的范围内，代替直接补贴对我国农业实施合理有效的保护，减轻加入世贸组织带来的冲击，减少自然灾害对农业生产的影响，稳定农民收入，促进农业和农村经济的发展。在中国，农业保险又是解决“三农”问题的重要组成部分。2007 年国家财政拨出 10 亿元专项补贴资金，通过地方财政资金的配套，对 6 省（区）五大类粮食作物保险予以补贴，积极为农业安全生产提供保障。这项措施有力地改变了农险经营的外部环境，农业保险由此出现了快速发展的良好势头，全国农业保险当年实现保费收入 51.8 亿元。2008 年，国家稳步扩大政策性农业保险试点范围，加大了对粮食、油料、生猪、奶牛生产的各项政策扶持，支持发展主要粮食作物政策性保险。分析近年来农业政策情况，可以发现，加强农业的基础地位，持续加大支农惠农力度，将是今后一个时期的长期国策，而农业保险作为其中的组成部分，正迎来了发展的大好时机。

农业保险责任范围的大小及险种的设置是判断一国农业保险事业发展水平的重要标准，一般而言，农业保险的范围越大，一国的农业保险水平就越高。目前，中国的农业保险主要集中在农作物保险和养殖业保险。农作物保险主要是承保自然灾害险，而自然灾害外的社会政治经济风险则属于保险责任以外的，如农药污染、有毒化学物质泄漏等所造成的损失未列入保险责任之内。养殖业保险的责任确定也有类似的情况。从理论角度讲，凡是农业生产中所遭受的各种自然灾害和意外事故均应被保险，可见，现行的农业保险制度所设定的保险险种与中国农业生产不相适应。因此，从严格经济意义上讲，我国尚未真正建立起农业保险机制。农业保险经营者已无法顾及农业保险对农业发展和农村经济的社会保障作用。

农业保险，关乎国家的粮食安全。目前这项工作正在“试点”之中。面对国际粮价大幅上涨和国内农民种粮积极性不高这样一个严峻形势，农业保险必须尽快“推而广之”。

农业保险，是国家粮食安全的保护伞。当下的农业生产，在很大程度上还是靠天吃饭。而有了农业保险，农民朋友，特别是那些种粮大户，便有了“东山再起”的信心和后劲。就全国来说，只是在“有积极性、有能力，也有条件开展农业保险的省份”搞试点，而像中国第一种田大户侯安杰所在的地方，“他跑了多家保险公司，也没人愿意承接他的农业保险业务”，这正表明农业保险亟须“四轮齐转”。

二、农业保险的特点

（一）地域性

各种有生命的动物、植物在生长过程中都需要具备严格的自然条件，但是由于各地区的地形、土壤、气候等自然条件的不同，再加上社会经济、生产条件、技术水平的不同，形成了动物、植物地域性的差异。从而决定了农业保险只能根据各地区的实际情况确定承保条件，而不应该强求全国统一的模式。

（二）季节性

由于农作物的生长受自然因素的制约，具有明显的自然性，这就要求农业保险在展业、承保、防灾理赔过程中，必须对动植物生物学特性和自然生态环境有正确的认识，以便督促被保险人加强农业生产管理。

（三）连续性

动物与植物在生物学过程中，都是紧密相连、不能中断，并且是相互影响、相互制约的，因此农业保险人员要考虑动植物生长的连续性，要有全面长期的观点。

（四）技术难度大，经营风险高

农业保险的技术难度大主要是讲：展业难、成保难、理赔难。农村主要是以分散经营为主，就单个农村居住地而言，农业保险人员首先必须了解当地的气候特点，自然灾害发生率，以及主要经营的农作物品种，农业主要耕作的劳动力，信誉度（逆向选择与道德风险）等。仅就农业保险费率的厘定这一项，保险公司必须对各种农作物进行有效地区分，充分了解各年间农作物的损失数，牲畜的品种、死亡率，对区域间进行合理的对比分析，农业保险公司需投入大量的资金、人才、技术。总之，需要投入较高的监督成本。

（五）政策性

过去开展农业保险是两头怕：一怕农民朋友保不起，二怕保险公司赔不起。所以农业保险一直开展不起来。现在政府为了解决这一问题，实施保费补贴政策，即政府财政为农民保户提供保险费补贴。所以具有一定的政策性。

三、农业保险的作用

农业是一个弱质产业，自然条件的变化对农业生产影响很大，一场突如其来的洪水、干旱、暴风雨、病虫害等自然灾害直接危及着农业生产。一旦出现巨灾，自我救助的能力在巨灾面前就显得非常脆弱，很难通过自身的行为从巨灾中恢复过来。参加农业保险能够有效地补偿农民在农业生产中由于自然灾害造成的损失，对恢复受灾农民的生产和解决灾后的农民生活能够起到重要作用。

参加农业保险，有利于减少农业生产的灾害损失。自然灾害事故是不可避免的，农业灾害在什么时间、什么地点发生是难以预料的；波及的范围有多大、受损的程度有多深事先也是难以想象的。参加农业保险，可以对受灾农户的损失进行及时、有效、合理地赔款。农民以较小的投入，获得较高的补偿，从而使恢复农业再生产、重新购置生产资料有了资金保障。

参加农业保险，有利于保障农民的基本生活水平。土地收入是农民生活的主要来源，如果遇到自然灾害的袭击，致使土地颗粒无收，血本无归，农民生活就会面临着非常困难的局面。参加农业保险就解决了这个问题，保险公司对农作物在生长过程中遭受人力无法控制的自然灾害所造成的产量、产值或生产费用的损失，负赔款责任。受灾农民及时得到了经济补偿，就可以重建家园，保持一定的生活水平，坚定恢复生产的信心。

参加农业保险，有利于缓解财政救灾的负担。农业生产遭到一般的灾害损失，由保险机构进行赔付。除非发生特大灾害，否则，政府是不用发放救济款的，从而减轻了财政支出的负担。

参加农业保险，有利于为发展农村经济积累资金。大力发展农业保险能使分散的、零星的保险费汇集成巨额的保险基金。农业保险经办机构可把积聚的一部分资金用于农村地区的投资，促进了农村经济的发展。

参加农业保险，有利于培养农民互助合作精神。在农村，实行了家庭联产承包制以后，极大地调动了农民的生产积极性，但是以一家一户的孤军奋战特点非常明显，当农业生产遇到自然灾害或意外事故时，在恢复生产中农民有时信心不足，依赖政府和社会救济的思想比较严重。保险采取的是“大数法则”，以多数人的钱，补偿少数人的灾害损失。农民只要支付少量的保费，一遇灾害都有获得经济补偿的机会，培养了农民集体互助精神。

参加农业保险，有利于农村金融服务体系的有机结合。建立社会主义新农村，需要有大量的资金作后盾，建立和完善农村金融服务体系是非常重要的。比较完善的金融服务体系应该包括农村信贷机构、农业保险机构、农村投资机构。农业保险对农村信贷和农村投资起着“稳定器”和“助推器”的作用。比如农业银行和信用社发放农业信贷资金支持农业生产，但是，遇到自然灾害农民无力偿还贷款，造成农业信贷资金拖欠、沉淀，对农业银行和信用社相当不利。参加了农业保险，使农业信贷资金收回有了保障，农业银行和信用社就可以放心大胆地发放农业信贷资金。

第二节　农业保险的种类

按照承保对象的不同，我们可以把农业保险分为种植业保险和养殖业保险。

一、种植业保险

种植业通常是指栽培植物以获取产品的生产行业。广义的种植业包括农作物栽培和林果生产两部分。种植业生产是人类生活资料的基本来源，生产的粮食、油料、糖料、蔬菜以及木材和果品等，有的作为生活资料，有的作为工业原料。种植业生产是在土地上利用天然的光、热、水、气条件，通过植物生长机能去转化能量而获得产品，所以，种植业深受大自然中气象灾害的影响以及病虫害和火灾等意外事故的威胁。种植业保险，作为一种分散风险并能在灾后及时提供经济补偿的风险管理手段，越来越被人们所认识，也发挥出越来越大的作用。种植业保险一般包括农作物保险和林木保险两大类。

（一）农作物保险

农作物是指人工栽培的植物，包括粮食作物、经济作物、绿肥和饲料作物等。按上述农作物的不同生长阶段，农作物保险又可具体分为生长期农作物保险和收获期农作物保险。

1. 生长期农作物保险

生长期农作物保险是以齐苗至收获前处在生长过程中的农作物为保险标的的保险。目前，我国开办的生长期农作物保险有小麦种植保险、水稻种植保险、玉米种植保险、棉花种植保险、烟叶种植保险、甘蔗种植保险等。

2. 收获期农作物保险

收获期农作物保险是承保农作物收获后在进行晾晒、轧打、脱粒和烘烤加工过程中，因遭受自然灾害或意外事故而造成农作物产品损失的一种保险，如麦场夏粮火灾保险、烤烟水灾保险等。

（二）林木保险

林木保险的保险标的主要是指人工栽培的人工林和人工栽培的果木林两大类。原始林或自然林不属于保险标的范围。

1. 林木保险

林木在生长期遇到的灾害有火灾、虫灾、风灾、雪灾、洪水等，其中火灾是森林的主要灾害。目前，我国只承保单一的火灾责任，今后将会逐步扩大保险责任范围。林木保险可以根据未来的生长期确定保险期限，也可以按1年定期承保，到期续保。林木保险的保险金额确定方式有两种：一是按照林木成本确定；二是分成若干档次确定。

2. 果树保险

果树保险根据承保地区主要树种的自然灾害选择单项灾害或伴发性的灾害作为保险责任，对于果树的病虫害一般不予承保。果树保险一般可分为果树产量保险和果树死亡保险两种。果树产量保险只保果树的盛果期，初果期和衰老期一般不予承保；保险期限是从坐果时起到果实达到可采成熟时止。果树死亡保险的保险期限多以1年期为限。

二、养殖业保险

养殖业是利用动物的生理机能，通过人工养殖以取得畜禽产品和水产品的生产行业。由于养殖业的劳动对象是有生命的动物，它们在生产过程中具有移位和游动的特点，因此，在利用自然力方面，比种植业有较大的灵活性。但是，养殖业也受到自然灾害和意外事故的影响，尤其受到疾病死亡的严重威胁。养殖业保险，是以有生命的动物为保险标的，在投保人支付一定的保险费后，对被保险人在饲养期间遭受保险责任范围内的自然灾害、意外事故所引起的损失给予补偿。这是一种对养殖业风险进行科学管理的最好形式。一般把养殖业保险分为畜禽养殖保险和水产养殖保险两大类。

（一）畜禽养殖保险

畜禽养殖保险是以人工养殖的牲畜和家禽为保险对象的养殖保险。在畜禽养殖保险中，根据保险标的的特点，又可分为牲畜保险和家禽保险。

1. 牲畜保险

牲畜在饲养过程中，面临的灾害风险较大，如疾病、自然灾害或意外事故造成的死亡或伤残。牲畜保险一般根据不同牲畜的饲养风险，选择几种主要的传染病，再加上部分自然灾害和意外事故作为保险责任。但要尽量避免承保与人为因素密切相关的风险。

2. 家禽保险

家禽保险是指经人们长期驯化培育，可以提供肉、蛋、羽绒等产品或其他用途的禽类提供的一种保险。由于家禽在饲养过程中一般采取高密度的规模养殖方式，因此，承保责任以疾病、自然灾害和意外事故等综合责任为主。

（二）水产养殖保险

水产养殖保险是指对利用水域进行人工养殖的水产物因遭受自然灾害和意外事故而造成经济损失时，提供经济补偿的一种保险。从水产养殖的水域环境条件来分，主要有淡水养殖保险和海水养殖保险两大类。

1. 淡水养殖保险

淡水养殖保险的保险标的主要有鱼、河蚌、珍珠等。淡水养殖保险主要承保因自然灾害或非人为因素造成意外事故所致保险标的的死亡，对因疾病引起的死亡一般不予承保。

2. 海水养殖保险

海水养殖保险是指为利用海水资源进行人工养殖者提供的一种保险。目前，开办的海水养殖保险有对虾养殖保险、扇贝养殖保险等。海水养殖主要集中在沿海地区的浅海和滩涂，因此面临的风险主要是台风、海啸、异常海潮、海水淡化或海水污染等造成保险标的的流失或死亡。海水养殖保险的保险责任主要是自然灾害造成的流失、缺氧浮头死亡等，对疾病、死亡风险一般需特约承保。

模块十一　农业企业的增效与壮大

农业创业的目的是赚取合理利润，这样农业创业项目才能持续。

第一节　为你的农产品或服务核算成本

每个企业都存在成本，农业企业成本就是你的企业用于生产和销售产品或提供服务的所有支出。成本核算是你计算企业生产或销售一件产品，或提供一项服务成本的方法。

成本核算有助于你的农业企业：制定价格；降低和控制成本；做出更好的企业决策；为今后做好计划。

一、成本类型

不同的企业有不同的成本，但是所有的企业都有两种类型的成本：直接成本和间接成本。

直接成本是所有与你的企业生产或销售的产品或服务有直接关系的成本。

直接成本有两种：直接材料成本；直接人工成本。

直接成本必须做到：容易计算；必须大到足以使总直接材料成本有显著增加，直接材料成本是企业在生产产品或提供服务时所需材料的所有支出。例如，种植业的种子、化肥、水等；对于农资、农机经营等贸易类企业而言，就是买进商品进行转售的成本。

直接人工成本是企业为那些直接从事产品或服务生产的员工所支付的工资等费用。对于农资、农机经营等贸易类的企业而言，没有直接从事生产的员工，因而没有直接人工成本。工资等费用都是间接成本。

间接成本是为了经营企业而支出的所有其他成本。例如，房租、银行利息、电费、土地使用费等。

你需要了解各种不同类型的成本，才能计算出你的企业生产或销售的任一件产品或服务的总成本。

直接成本 + 间接成本 = 总成本

二、种植、养殖企业的主要成本项目和计算方法

（一）种植业成本核算（表11－1）

表11－1　种植业成本项目表

分类	项目
直接成本	种子、种苗、肥料、地膜、农药、水、生产过程中机械作业所发生的费用、生产人员工资等
间接成本	土地使用费、管理人员工资、燃料费、折旧费、广告费、招待费、电话费、保险费、办公费用、银行收费等

注：多次收获的多年生作物，未提供产品前累计发生的费用，按规定比例摊入投产后各期的产品成本；

某种作物主产品单位产量（千克）成本 = （生产该种作物总成本 − 副产品价值）÷ 该种作物主产品总产量

（二）畜牧业成本核算（表11－2）

表11－2　畜牧业成本项目表

分类	项目
直接成本	饲料、燃料、动力、畜禽医药费、水、畜（禽）幼仔费、养殖人员工资等

（续表）

分类	项目
间接成本	租金、管理人员工资、折旧费、广告费、招待费、电话费、保险费、办公费用、银行收费等

（1）混群养殖成本核算。

某类畜（禽）本期总成本＝期初存栏价值＋本期饲养费用＋本期购入畜（禽）价值＋本期无调出畜（禽）价值

某类畜（禽）主产品单位成本＝［某类畜（禽）总成本－副产品价值］÷该类畜（禽）主产品总产量

（2）分群养殖成本核算。

主产品单位成本（元/千克）＝（该畜群累计全部饲养费用－副产品价值）÷该畜群主产品总产量

（三）林业企业成本核算（表11－3）

表11－3　林业企业成本项目表

分类	项目
直接成本	饲料、燃料、动力、畜禽医药费、水、畜（禽）幼仔费、养殖人员工资等
间接成本	土地租金、管理人员工资、折旧费、广告费、招待费、电话费、保险费、办公费用、银行收费等

某树种出圃苗木单株成本＝该树种出圃苗木总成本÷该树种苗木产量（株）

成本费用计算时间：各阶段林木及林产品的成本计算：育苗阶段算到出圃时；造林抚育阶段，消耗性林木资产和公益林算到原木产品；橡胶算到干胶或浓缩胶乳；茶算到各种毛茶；其他收获活动算到其他林产品入库。

（四）水产业成本核算（表11-4）

表11-4　水产业成本项目表

分类	项目
直接成本	苗种、饲料、肥料、养殖生产材料、生产人员工资、其他直接费用等
间接成本	水域租金、管理人员工资、折旧费、广告费、招待费、电话费、保险费、办公费用、银行收费等

每万尾鱼苗成本＝育种期的全部费用÷育成鱼种万尾（千克）数

多年放养成鱼单位（千克）成本＝（捕捞前各年发生的费用＋本年生产费用）÷成鱼总产量

逐年放养成鱼单位（千克）成本＝本年成鱼放养的全部费用÷本年成鱼产量

海水养殖成鱼单位成本＝（捕捞前各年结转的费用＋当年发生的费用＋捕捞费用）÷海水养殖成鱼总产量

（五）折旧

折旧是指固定资产不断贬值而产生的一项成本，是一种特殊成本，例如，设备、工具和车辆等。由于折旧是针对固定资产而言的，因此你只需要计算固定资产的折旧价值。在大多数小企业里能够折旧的物品为数不多。

年折旧费用＝设备的采购成本＝使用年限月折旧费用＝年折旧费用÷12

每种固定资产的折旧费相加就是所有固定资产的总折旧。

注：中华人民共和国税法中，对固定资产使用年限有明确的确定。

为了解释种植、养殖业的成本核算，以张连军的太空莲种植企业为例，在对产品进行成本核算时，要根据种植、养殖企业的具体类型选择成本核算方法。

第一步　计算直接成本

在种植业产品成本核算表的第一部分中计算出该种产品的总直接成本。

(1) 在产品总直接成本表中，太空莲种植企业写下生产该产品的所有直接成本项目。例如，化肥、生产人员工资。企业还需要藕种和前期土地平整费用，但是，太空莲种植属于多次收获的多年生作物，可以收获4年，所以将藕种费用分摊到4年。因此，张连军决定，不把藕种费用计入直接成本（表11－5）。

(2) 各项直接成本费用。张连军通过市场调研，在每项对应栏中写下了直接成本的生产费用。

表11－5　产品（太空莲）总直接成本表

项目	费用（元）
化肥	160 000
生产人员工资	552 000
农药	
合计	712 000

第二步　计算间接成本

你可以借助间接成本表来计算企业的间接成本。下表可以告诉你太空莲种植企业发生的间接成本信息。

(1) 间接成本表左栏中，张连军写下了生产太空莲子所需要的间接成本项目。例如，机械租金、营销费用等。

(2) 间接成本表右栏中是张连军预测的各项间接成本的需求费用。

（3）折旧计算。张连军走访了当地税务机关和专业人士，了解国家税法对企业拥有的固定资产折旧年限的相关规定后，对企业的各种固定资产进行了折旧。

基地建设费用预测为280 000元，使用期限为20年左右。因此，每年的折旧费是：

$$\frac{280\ 000}{20}=14\ 000\ \text{元/年}$$

（每月的折旧费为14 000元/12个月＝1 167元/月）

车辆费用200 000元，使用期限为10年。

每年的折旧费是：

$\frac{200\ 000}{10}=20\ 000$ 元/年（每月的折旧费为20 000元/12个月＝1 667元/月）

藕种价值比较高，使用时间较长，所以把藕种当作固定资产进行计算。藕种总费用480 000元，可用期限为4年。藕种每年的折旧费是：

$$\frac{480\ 000}{4}=120\ 000\ \text{元/年}$$

（每月的折旧费为120 000元/12个月＝10 000元/月）

所有固定资产年折旧费是：

14 000＋20 000＋120 000＝154 000（元/年）

第三步 合计总成本

张连军已经完成了企业成本核算的前两步，已经有了所有计算莲子总成本所需的数据，他将获得的数据相加后，得出了莲子种植的总成本。

步骤一		步骤二		步骤三
计算		计算		合计
直接成本	+	间接成本	=	总成本
712 000 元		962 200 元		1 674 200 元

第四步　用总成本除以产品总量

为了计算 1 千克莲子的成本，太空莲企业用每次生产莲子的总成本除以生产的莲子数量，得出莲子单位（千克）成本。

$$\frac{\text{生产该种作物总成本}}{\text{种作物主产品总产量}}=\frac{1\ 674\ 200\ \text{元}}{160\ 000\ \text{千克}}=10.46\ \text{元/千克}$$

在总成本的基础上，加上总成本乘以一个利润百分比，得出的就是每千克（或件）产品的不含税销售价格。

在不含税销售价格的基础上，再加上不含税销售价乘以增值税税率，得出的就是每千克（或件）产品的含税销售价格。

张连军考虑了市场需求量、竞争对手产品价格后，决定把莲子的价格定为每千克 18 元。

三、农资、农机经营企业成本核算

农资、农机经营企业的成本类型相似，通常可以用相同的方法做成本核算，但与种植、养殖企业的成本不尽相同。

农资、农机经营企业的成本类型（表 11－6）。

直接材料成本。他们不直接生产产品，但是需要有商品来销售。购买商品进行转售就是农资、农机经营企业的直接材料成本。

没有直接人工成本。他们购买和销售由其他企业制造的商品。在店里通常有售货员，没有任何从事产品生产的员工，因此，所有员工的工资都是间接成本。

间接成本。例如，电费、电话费等。对于农资、农机经营企业而言，间接成本就是企业除了用于购买商品进行转售的成本以外的其他全部成本。

农资、农机经营企业按照以下 3 个步骤来计算每件产品的总成本。

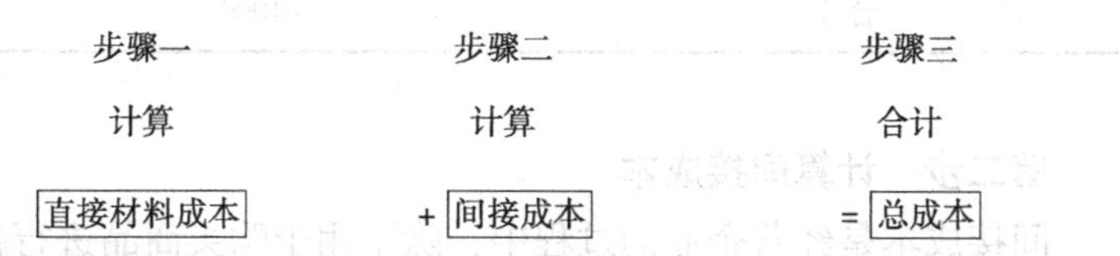

表 11－6　农资、农机经营企业的成本项目表

类型	项目
直接成本	成品或半成品
间接成本	办公文具和邮费、租金、水费、电费、电话费、气费、维修费、银行收费、保险费、工资、广告费、燃料费、折旧费、执照费等

为了解释农资、农机经营企业的成本核算，以王婷的农资经营店为例。

第一步　计算直接材料成本

对于农资、农机经营企业而言，直接材料成本就是购买商品用于转售的成本。王婷计算出企业每个月通常用多少钱来购买商品进行转售。她估计第一个月用于购买商品的支出是 61 000元，以后每月根据销售情况进行调整（表 11－7）。

表 11－7 月直接材料成本

名称	总价（元）
化肥	40000
农药	18000
种子	3000
合计	61000

第二步 计算间接成本

间接成本是经营企业的过程中，除了用于购买商品进行销售的成本以外的所有其他成本，是除了直接材料成本以外的所有用于企业经营的支出。

以下是王婷农资经营店第一个月的间接成本表。

1. 需要每月分摊的成本计算

你的企业或许有一些无需每月支付的间接成本，例如，保险费、执照费等。对于这些成本，你可以用成本的金额除以该项成本发生的月数来计算月间接成本。例如，王婷的农资经营店每年一次性支付 1 200元的保险费，因此，企业每月的保险费成本是 100 元。

$$\frac{1\ 200\text{ 元}}{12\text{ 个月}} = 100\text{ 元/月}$$

2. 折旧计算

折旧是指固定资产不断贬值而产生的一项成本，是一种特殊成本，例如，设备、工具和车辆等。

年折旧费用＝设备的采购成本－使用年限

月折旧费用＝年折旧费用÷12

每种固定资产的折旧费相加就是所有固定资产的总折旧。

注：中华人民共和国税法中，对固定资产使用年限有明确

的确定。

王婷通过走访专业人员，了解自己企业的固定资产规定的折旧年限，对企业的固定资产进行了折旧计算：货架、柜台、电脑、沙发、老板桌、椅等办公设备，折旧规定年限都是5年，所有办公设备市场采购价总价预计20 000元。因此，每年的折旧费是4 000元，月折旧费是333元。

$$\frac{20\,000\text{ 元}}{5\text{ 年}}=4\,000\text{ 元/年}$$

$$\frac{4\,000\text{ 元}}{12\text{ 年}}=333\text{ 元/年}$$

3. 计算间接成本分摊百分比

农资、农机经营等贸易类企业每月的总间接成本除以当月总直接材料成本，再乘以100%，得出的就是当月的间接成本分摊比。

王婷利用学到的间接成本分摊比公式，对企业预计第一个月的经营进行了间接成本分摊百分比的计算。

$$\frac{13\,333\text{ 元}}{610\,000}\times100\%=21.9\%$$

4. 计算单位产品间接成本

王婷农资经营店的间接成本分摊百分比是21.9%。因此，王婷必须在销售的所有商品的直接材料成本上增加21.9%，这样计算当月每瓶农药增加的金额为：

$4\times21.9\%=1.16$（元）

第三步　合计总成本

为了算出单位产品成本，你需要将直接材料成本和间接成本的金额相加。王婷已经有了计算1瓶农药的总成本所需的全部信息。

步骤一	步骤二	步骤三
计算	计算	合计
直接材料成本	间接成本	= 总成本
4 元	1.16 元	5.16 元

在总成本的基础上，加上总成本乘以一个利润百分比，得出的就是每件产品的不含税销售价格。

在不含税销售价格的基础上，再加上不含税销售价乘以增值税税率，得出的就是每件产品的含税销售价格。

王婷考虑了市场需求量、竞争对手产品价格后，把农药的价格确定为每瓶 6 元、种子每千克 2 元、化肥每袋 100 元，她认为这个价格可以使自己企业的农资产品能很好地销售出去。

在完成产品或服务的成本核算后，你要回到市场营销计划中，最终完成价格部分的核算。

每个企业都存在成本，农业企业成本就是你的企业用于生产和销售产品或提供服务的所有支出。成本分为直接成本和间接成本。

直接成本是所有与你的企业生产、销售的产品或服务有直接关系的成本。直接成本又可分为直接材料成本和直接人工成本。对于农业种植、养殖企业来说，直接成本包括直接材料成本和直接人工成本。对于农资、农机经营企业来说，直接成本只有直接材料成本，也就是所购的用于销售的商品。

间接成本是为了经营企业而支出的所有其他成本。

折旧是指固定资产不断贬值而产生的一项成本，是一种特殊成本。

不同的农业企业，成本核算的方法也不相同。你需要在了解企业成本的基础上，根据你的农业企业类型选择自己企业的成本核算方法。

第二节　农业企业财务计划

在农业创业之初的几个月里，许多新企业都不会赢利。从销售当中获取的收入需要一定时间才能显现出来。在这段时间里，企业是十分脆弱的，你必须密切关注企业的财务状况。

在创办自己的新企业时，有两件事十分重要。企业要赢利；企业不要出现现金短缺。

在创办农业企业之前，要做出利润和现金流量计划。在创业之后，要随时密切监控企业的销售收入和成本支出状况以及现金流量状况，以确保一切都按计划进行。如果出现问题，应该立即采取措施加以解决。

一、销售收入预测

在第三步中做市场调查时，你已经对销售额做了预测。现在可能需要再核实一遍，看看你提出的数字是否切合实际。

在计划创办新企业时，知道一定量的销售能带来多少收入，叫做销售收入预测。为了预测销售收入，请采取以下步骤。

列出你的企业推出的所有产品或产品系列，或所有服务项目。

预测第一年里每个月预期销售的每项产品数量，它来自你所做的市场调查。

为你计划销售的每项产品制定价格。

用销售价格乘以月销售量来计算每项产品的月销售额。为了更好地说明，下面将以张连军的太空莲种植企业为例进行财务计划分析。

张连军根据销售量预测与成本核算方法，对自己的企业销售收入进行预测，并将结果记录在预测表中（表11－8）。

表11－8　太空莲销售预测表

销售情况 月份 项目	1	2	3	4	5	6	7	8	9	10	11	12
销售数（万斤）	0	0	0	0	0	0	3	5	5	3	0	0
产品单价（元）							18	18	18	18		
含税销售收入（万元）							54	90	90	54		

注：预测销售和销售收入是准备创业计划中最重要和最困难的部分。大多数人都会高估自己的销售，因此，在预测销售时不要太乐观，要切合实际。

请为你的农业企业预测销售收入（表11－9）。

表11－9　农业企业销售预测表

项目	月份												
I	销售数量												
	平均单价												
	月销售额												

（续表）

项目 \ 月份													
Ⅱ	销售数量												
	平均单价												
	月销售额												
合计	销售总量												
	销售总收入												

二、制订销售和成本计划

仅仅知道企业的销售收入是不够的，为了掌握企业的实际运转情况，你一定要计算出企业是不是有利润。只有这样你才能准确地了解企业是否能挣钱。利润来自销售收人减去企业经营成本。

张连军利用企业的成本预测和销售收入预测制订了企业的销售和成本计划。张连军发现 1—6 月加上 11—12 月共计 8 个月的纯利润为负数，意味着太空莲基地在这 8 个月会出现亏损。亏损的原因是因为这几个月没有产品销售收入，还必须支付直接材料成本、直接人工成本和间接成本。

销售和成本计划让你既看到销售也看到成本，并知道你的农业企业是否赢利。当你计划开办一家农业企业时，你应该预测第一年中每个月的利润。

请为你的农业企业制订销售和成本计划（表 11 - 10）。

表 11－10　销售与成本计划表

月份 项目													总计
含税销售收入（万元）													
流转税													
销售额													
直接材料成本													
直接人工成本													
毛利													
间接成本													
纯利													

三、制订现金流量计划

现金就像是使企业这台发动机运转的燃料，有些企业主由于缺乏管理现金流量的能力，导致企业经营中途抛锚。现金流量计划显示每个月预计会有多少现金流入和流出企业。预测现金流量计划将帮助你的企业保持充足的动力，使你的企业在任何时候都不会出现现金短缺。

你的企业可能出现现金短缺的原因有许多，例如，你在开始销售之前就必须购买许多原材料或商品，这意味着在有现金流入之前就会有现金流出；有些销售需要赊账，赊账通常在几个月后才能收回现金。如果你在制订市场营销计划时，你已决定了赊销政策，现在你要考虑这个因素；你可能需要购买设备、支付土地流转租金等。设备和土地资源等会帮助企业在今后赢利，但是在获得这些利润之前，你往往必须先为这些设备和土地流转付钱。

现金流量计划表中的月底现金是下月的月初现金，月底现金等于当月流入企业的现金总量减去当月流出企业的现金总量。在现金流量表中，企业每个月的月底现金不能出现负数，如果哪个月出现负数时，说明那个月企业的现金短缺，企业将无法正常运转。通过制定现金流量计划，会使你时常关注自己的流动资金需求，确保企业在任何时候都不会发生无现金经营的窘境。

你的企业可以根据自身实际要求按短期、中期和长期的不同时间预测现金流。通常期限越长、预测的准确性越差。因此，选择何种期限的现金流预测方法尤其重要。短期的现金流预测比中期和长期的预测更具时效性，更能充分掌握和控制现金流的周期和流动性。

企业现金流动过程中，可能发生现金注入的时间在当月的较晚日期，而现金流出的时间又必须在当月的早期发生。因此，你必须清楚地认识到，月中某些日期的现金缺口会比月末反映的现金数额更糟糕。

新创办的涉农企业，开始阶段是十分脆弱的，你必须密切关注自己的财务状况。

通过制订销售计划、成本计划和现金流量计划，你可以更准确地掌握创办企业所需要的资金量和企业未来能否赢利。在涉农企业开办后，你应该随时密切监控企业的销售收入、成本支出状况以及现金流量状况，以确保一切按计划进行。如果出现任何问题，你应该立即采取措施加以解决。

第三节　降低生产经营成本

对于创业者来说，在创业资金相对有限的情况之下，更应懂得企业的利润在很大程度上来自成本的控制。可通过下述几种途径降低生产经营成本。

一、货比三家采购

创业者在购买商品或者接受服务的时候，必须掌握一定的商品鉴别能力，尤其应该多走几家商店、商场，多跟几家供应商联系，获取准确的价格信息，这样才能买到货真价实的商品和服务。

二、精打细算生产

创业之初，最重要的是生存下来。大多数成功的创业公司，都走过了一个严格的成本控制过程。创业者要通过制定严格、切实、可行的生产经营管理规章制度，使企业生产经营管理有条不紊、有章可循，使日常工作更加科学化、制度化、规范化。

三、减少人员费用

企业开支中最大的部分是成本，其中人员费用是企业的一项重要支出，尤其是在当下，人员费用越来越高。如果企业在其他条件暂时无法得以改进优化的情况下，想要增加利润，就必须在减少人员费用，从而降低企业的成本方面多做文章多动脑筋了。

【知识链接】

人力资源统筹规划时应当考虑的因素

在规划人力资源时，必须由人力资源部门去统筹规划，在规划的时候应当考虑到以下因素。

(1) 现有人员的数量和质量。

(2) 创业项目的产能，不是最高产量也不是最低产量，而是由创业项目瓶颈资源决定的产能，目的是保证生产的平稳。

(3) 未来半年的订单预测情况，预测的订单数可以作为产能规划的依据，包括对设备是否扩充等。

(4) 各生产环节之间人员的调配，当生产无法做到完全平稳的时候，可能会导致有些部门产能负荷无法满足生产需要，而有些部门却有人员空闲，所以必须考虑各生产环节之间人员的调配和统筹。

四、加快资金周转

营运资金在循环过程中，在不同阶段以不同的形式分别占压在原材料、产成品、应收账款等上面。资金周转速度快，会相对节约流动资产，等于相应地扩大了资产的投入，用相同的资金完成更大规模的生产，取得更好的经济效益。加快资金周转可以采取的措施如下。

一是减少在原材料、在产品和产成品上的资金占压。

二是加强对存货质量的控制管理。对各类存货按其不同特性进行不同的分类，通过对存货质量状况的分析，可以摸清存货情况，对不同种类存货采取相应的措施加以控制。特别是对不合格品、滞销存货应尽快处理，最大限度地降低损失。

三是组织专门人员加强对应收账款的回收管理。对超过规定期限的应收账款，应加大催收力度，采取不同的措施强行收回。企业还可以采取让利、出售等不同方式将应收账款变现，以减少坏账损失和加快流动资金的周转。

【知识链接】

资金周转率

资金周转率是反映资金周转速度的指标。企业资金（包括固定资金和流动资金）在生产经营过程中不间断地循环周转，从而使企业取得销售收入。企业用尽可能少的资金占用，取得尽可能多的销售收入，说明资金周转速度快，资金利用效果好。

资金周转速度可以用资金在一定时期内的周转次数表示，也可以用资金周转一次所需天数表示。

例如，企业一年的销售收入总额为 4 000 万元，按月平均占用的流动资金为 500 万元计算，即每年周转 8 次，每次周转需要 45 天。资金周转加快了，可以大大节约资金。在一定的生产规模和销售收入的情况下，把资金周转率提高一倍，就可以节约一半的资金。

五、优选销售方式

销售在农业产业链条中起着非常重要的作业，用对、用好销售方式，将给你带来很好的收益和发展前景。

（一）电商销售模式

在传统的电商模式（C2C/B2C/B2B）之外，农业电子商务——O2O 大行其道，很受欢迎（O2O，即在线上消费，在线下享受服务）。电子商务模式最大的优点就是省去了大量的中间商和流通时间，并依靠专业的物流降低了农产品的损耗，保证了产品质量，降低了成本，特别是像“菜管家”一类的专业性企业，开创了 P2B2F 的模式（农户 + 公司 + 消费者），直接省去了中间商，集生产、销售、服务于一体，建立了综合性的农产品销售平台。

（二）直销模式

即企业将自己的农产品就地销售或销往附近地区的销售模式。这种销售模式比较灵活，无中间环节，效率高，企业可以直接向终端服务，成本低。这种模式是对其他销售模式的有效补充，能给消费者提供鲜活度高的农产品，有较大的发展空间。

（三）农村供销社合作模式

供销合作社是为了满足农村生产和生活需要而设立的销售生产工具、生活用品和收购农产品、副业产品的商业机构，简称供销社。它将农民与市场紧紧联系在一起，起到很好的桥梁作用。它首先可将一定范围内的农产品集中，亦可让农民以自由入股的形式集中起来，进而开展仓储、运输、加工等工作，以达到扩大销售规模、增加业务范围、提高农业附加值的目的。

（四）批发商采购销售模式

农户个体生产距离销售市场较远时，对市场信息掌握较为困难，而且，农户的基础条件也欠缺，这时，批发商采购销售模式的作用就将凸显出来。这种模式可以在一定程度上降低价格，提高效率，缩短交易时间，搞活流通。

（五）专业批发市场销售模式

专业批发市场销售模式，即建立影响力大、辐射能力强的农产品专业批发市场来集中销售农产品。这种模式销售集中、销量大，对于分散性和季节性强的农产品而言，无疑是一个很好的选择。它能够在一定程度上实现快捷集中运输，妥善储藏、加工及保鲜。

（六）销售公司销售模式

销售公司销售模式，即通过区域性农产品销售公司，先从农民手中收购产品，然后外销。农户和公司之间的关系，可以由协议界定，也可以单纯是买卖关系。这种模式可以有效缓解“小农户”与“大市场”之间的矛盾，农户可以专心搞生产，销售公司专职做市场分析、预测、销售。

（七）农超对接模式

农超对接模式是农户和商家签订意向性协议书，由农户向大型超市、连锁店、便利店等零售机构直供农产品的新型销售方式，具有“超市—基地”和“超市—农村合作社—农民”两种模式。这种模式管理生产规范化，农产品品质高，质量有保证。

（八）农社对接模式

农社对接模式又可以称为从农场到社区的农产品销售模式。它主要是以农村合作社为媒介，以社区直通车的形式将农产品直接从地头送到消费者的家门口。它省去了批发、仓储、配送等中间环节，减少流通过程中的损耗，实现生产者与消费者的直接贸易，在降低农产品交易价格的同时，保证了农民的利益，实现了“双赢”的目的。

六、采用创新成果

大力采用农业科技创新成果，应狠抓提高单产和改善品质两大环节，突出抓好新品种引进、新技术推广（如物联网）、新模式示范、新机具应用。将先进适用的农业科技转化成现实的生产力，持续有力促进农业增产、增效和农民增收。

一是实施优质高产创建活动。以粮油高产创建为载体，大力推进农业科技集成示范，落实关键技术，提高种植水平，实现良种良法配套，质量效益同升。

二是推广高效种植模式。改革种植机制，推广作物套种、育苗移栽、秸秆粉碎还田、工厂化育秧等种植模式，推动提质节本增效。

三是促进农机农艺融合。积极探索、勇于实践，不断改进技术方案，完善技术路线，创新技术模式，促进农机农艺相互适应、相互配套、相互融合、相互促进。

第四节　提供优质产品和服务

一、质量好才是真的好

近年来，随着农业增产、丰收，大多数普通（初级）农产品告别了短缺历史；随着人民生活水平的逐步提高，消费者对农产品的需求已由解决“温饱型”逐步向“小康型”转变。这种转变使农产品供需数量与质量两方面的矛盾都十分突出。有关专家称，不取得农业标准化这张“绿卡”，就没有资格参与国内外竞争；标准化建设也可以说是我国农业的又一场革命。因此农产品也需要“国标”，因为标准就是市场，标准就是效益。

二、牌子响才能影响久

经常有人说，我们是做销售的，不是做品牌的；也经常有人说，品牌建立是一个长期的过程，不可能快速打造；还有人说，品牌可以快速打造，并且还总结出了快速打造法。以上种种说法，其核心是在说，品牌与销售有着某种对立或者脱离的关系。那么，品牌和销售真的是这两种关系吗？

通俗一点说，销售就是卖产品，品牌就是卖更多的产品。销售是卖功能利益，品牌是卖消费价值与文化习惯。一个是短期行为，一个是长期行为；一个是硬手段，一个是软手段；一个是实，一个是虚。这两者的目的尽管是一样的，最终是为了获得更大的销售（利益），但是销售仅仅是卖产品，品牌却是卖文化。产品总有更新换代的一天，然而文化可以绵延不绝。

【经典案例】

用商标保住到手的钱用品牌让农民多赚钱

“王门”牌西瓜卖火了，“宫品”牌葡萄、“义安”牌石榴订单不断……铜山县的优质瓜果销售得红红火火，当地农民获得了丰厚的回报，尝到了注册商标甜头的农民兴奋地说，小小商标能让我们挣到大把大把的钱。

用商标保住到手的钱。大彭镇义安村种了 2 300 亩石榴，其中“大红袍”石榴曾为贡品，过去果农对商标注册的重要性认识不足，产品销售路子窄。自该村在镇政府帮助下申报注册了“义安”牌商标后，全村共售出贴有商标的石榴 190 万千克，每千克价格比注册前提高 0.8 元，全村果农卖果收入 600 多万元，比未注册商标前增收 100 余万元。

用品牌让农民多赚钱。裳张镇是远近闻名的蔬菜之乡，由于在蔬菜销售中一直采用传统办法，菜农们的经济效益时高时低。镇里帮助菜农们注册了“裳溪”商标，并将多种蔬菜组装成箱，产品在市场上大受欢迎。“裳溪”的品牌效应每年给菜农带来超过 5 000 万元的收入，该镇户均种菜收入 4 000 元以上。全县靠商标富起来的蔬菜种植大户有 1 000 多户，种菜收入超万元的农户达 4 000 多户。

如果农业创业者的品牌意识不强，好的产品会找不到市场或者卖不出好价钱。没有品牌、没有特色，就没有竞争力，就难以立足市场，有了品牌，才能保证农产品的生产持续稳定发展。

三、服务好才有回头客

良好的服务态度会为创业者赢得良好的口碑，继而迎来回头客；冷漠的服务态度，造就的只是顾客的批判。金杯，银杯，不如老百姓的口碑；金奖，银奖，不如老百姓的夸奖。

【经典案例】

饭店的服务：回头客

平时在饭店消费，或许有人会注意到这样一幕：吃完饭，有些饭店会送上一张意见单，让你留下对店家的意见；有的饭店会对顾客未吃完的菜提出意见征询，以了解菜式有哪些地方不合口味；更有一些饭店，在客人用餐以后，会主动送上一块口香糖。这些人性化的小细节，虽然花费不多，却能让顾客有一种被人重视的感觉，从而产生一种归属感，下一次消费的时候，头脑中或许首先会想到，饭店是不是根据我提出的意见，将菜肴的口味改进过了，继而不知不觉地成为饭店的回头客。

“宁可一人来千次，不要千人来一次”，这也是我们创业者所追求的目标。

第五节　扩大农业创业规模

近年来，我国现代农业加快推进，农业发展取得了巨大成就。但各种风险挑战和结构性矛盾也在积累聚集，生态环境和资源条件两个“紧箍咒”越来越紧，农业生产成本“地板”和农产品价格“天花板”双重挤压越来越重，人民群众对农产品多样化需求和质量安全的要求越来越高，农业保供给、保收入、保安全、保生态的压力越来越大。面对新的形势和任务，农业将如何发展？习近平总书记明确指出，出路只有一个——坚定不移加快转变农业发展方式。

一、适应市场、提高效益

让市场在农村资源配置中起决定性作用，没有一定的生产规模，是实现不了的。有些事情，一家一户的农民不愿意干、也干不了，即使干得了，但是成本太高、效率太低，没有市场竞争力，从经济利益上不划算，从生态效益上划不来。怎么办？还是市场最智慧，群众最聪明，一家一户不想干、干不了，那就合起来干，怎么适应市场怎么干，怎么效益高怎么干，适度规模经营就应运而生了。

二、以适度规模经营为基础，充分激发创业者的动力

加快转变农业发展方式，就是要发展多种形式的适度规模经营，就是要“扩规模”，这是转变农业发展方式的核心和主线。只有以适度规模经营为基础，才能充分激发生产者“调结构”的动力；只有以适度规模经营为前提，才有足够拉伸产业链条“强产业”的空间；只有以适度规模经营为保障，才能实现节能减排“可持续”的高效；也只有以适度规模经营为依托，才能获得“提素质”的人才科技支撑。

三、放心流转土地，形成创业扩规模

扩规模不是“归大堆”，而是“产权”明晰、三权分置下生产力的优化组合。新形势下的扩规模，是在坚持土地集体所有制的前提下，通过土地确权和三权分置，进一步明确了农民的“产权”，让农民吃了定心丸，既保护了农户的承包权益，又放活了土地经营权，解决了土地要素配置的问题；既可以适应二、三产业快速发展的实际，让农村劳动力放心转移就业、放心流转土地，又能够促进土地规模经营的形成。这样的扩规模，不是改革开放前集体化的“归大堆”，而是“产权”明晰下的农业农村生产力的优化组合，是农业增效、农民增收和农村繁荣的“孵化器”。

四、实行公平与效率、发展与稳定双赢下的模式创新

扩规模不是“垒大户”，不是越大越好，而是公平与效率、发展与稳定双赢下的模式创新。1 万亩地让一个人种能赚大钱，如果让 100 个人种，钱虽然没有一个人挣得那么多，但能扶持 100 个家庭农场，让 100 个家庭进入小康。一个人富不算富，100 个人乃至更多的人、大家都富才算真的富。这不是一笔简单的经济账，而是经济账里面有政治账和社会账。即使单从效率角度考虑，也不是规模越大越好，超过能力范围的经营规模往往会过犹不及。土地规模经营必须要与农业生产力发展水平和农户经营管理能力相适应，不能脱离基本国情，片面追求超大规模。

五、扩大农业规模、需因人制宜

扩规模不是“一边齐”，而是因地、因时、因人制宜下的“度”的把握。怎样的规模才算“适度”，很难制定一个统一的标准，必须根据地区特征、土地条件、人口密度、经营能力、社会服务水平等多种因素而确定。东北地区和南方沿海地区、西部山区和中部平原地区规模化都不能是一个标准。而且这个“度”也是动态的，随着各地劳动力转移情况发生改变，经营能力强的、社会化服务水平高的、市场发育成熟的，不妨规模稍大些，反之还是稳妥些从小一点干起，再慢慢“滚雪球”。总体来看，土地经营规模的务农收入相当于当地二三产业务工收入，土地规模经营面积相当于户均承包面积的 10 ~ 15 倍，是当前应予以重点扶持的适度规模经营。

扩规模不是粗放的“摊大饼”，而是多种要素耦合下的协调发展。城市发展“摊大饼”的结果，就是城市越来越大，人口越来越多，但是人们的幸福指数却在下降。农业生产要防

止这个问题，不能土地聚集了，资金等其他要素却还分散着；不能经营规模扩大了，耕种质量却下降了；不能经营者的收入增加了，单位产量却减少了。必须在土地规模化的同时，实现资金、人力、装备、技术等诸多要素的合理配置；必须要坚持在劳动生产率提高的同时，保证土地产出率、资源利用率同步提高，充分挖掘规模化经营的红利。

实现适度规模经营，方式多种多样，可以通过土地流转积聚土地资源，形成土地规模经营，也可以不流转土地，通过农户间的联合与合作，发展土地股份合作社、开展土地托管等，来提高规模化经营水平；经营主体也可以多种多样，专业大户、家庭农场、农民专业合作社等都是规模经营的主力军，要积极引导土地向他们手中流转；服务体系也是多种多样，可以积极探索政府购买服务等多种形式发展公益性服务，同时调动各类社会资源加快培育经营性服务组织，为农民提供更多样化的商业服务。

发展现代农业，转变农业发展方式，没有适度规模是万万不能的，但是规模也不是万能的。只有真正扭住“转方式”这一核心，把“扩规模”和调结构、强产业、可持续、提素质等工作相结合，规模化的优势才能真正释放。

主要参考文献

吉文林. 2010. 开始你的农业创业［M］. 北京：中国农业出版社.

刘云海. 2015. 新型职业农民创业实务教程［M］. 北京：中国农业出版社.

汪发元，罗昆，陈钧. 2015. 农业创业理论与实践研究［M］. 北京：科学出版社.